人邮普华
PUHUA BOOK

我
们
一
起
解
决
问
题

解码 企业家格局

范小平 / 著

人民邮电出版社
北　京

图书在版编目（CIP）数据

企业家格局解码 / 范小平著 . -- 北京 ：人民邮电
出版社，2025. 3. -- ISBN 978-7-115-64705-4

Ⅰ . F279.23

中国国家版本馆 CIP 数据核字第 20244LC779 号

内 容 提 要

随着数字经济时代的到来，企业家战略领导力对组织的重要性日益凸显。数字经济从更高的复杂度、更快的更新速度和更强的模糊性等方面为企业带来了更具不确定性的市场环境，而企业家的战略领导力是帮助企业应对不确定性从而实现持续发展的关键要素。在当代管理实践领域，"企业家格局"一词时常出现，众多管理实践者逐渐重视企业家格局，认为企业家格局是影响企业存亡和发展的一个关键变量，是造成企业成长差异的潜在因素。

本书通过扎根研究明确了企业家格局的 9 个维度，并基于理论分析与实践观察，解释了企业家格局的概念和内涵。同时，本书系统开发了企业家格局量表，为企业家格局的研究提供了重要的基础性工具。

本书主要面向对企业管理感兴趣的读者，旨在使读者了解企业家格局如何影响企业成长，帮助读者从新的角度思考如何进行企业管理。

◆ 著　范小平
　　责任编辑　秦　姣
　　责任印制　彭志环

◆ 人民邮电出版社出版发行　　　　　北京市丰台区成寿寺路 11 号
　　邮编 100164　电子邮件 315@ptpress.com.cn
　　网址 https://www.ptpress.com.cn
　　涿州市般润文化传播有限公司印刷

◆ 开本：720×960　1/16
　　印张：14.5　　　　　　　　　　　2025 年 3 月第 1 版
　　字数：300 千字　　　　　　　　　2025 年 9 月河北第 2 次印刷

定　价：79.00 元

读者服务热线：（010）81055656　印装质量热线：（010）81055316
反盗版热线：（010）81055315

推荐序一
耕耘者的深邃思考

自 18 世纪爱尔兰经济学家理查德·坎蒂隆（Richard Cantillon）在《商业性质概论》中首次提出"企业家精神"以来，这个词语逐渐演化成对企业家才能的最高赞誉。无数研究者试图从不同视角对"何为企业家精神"展开剖析，其中最具有代表性的观点有三类：以奥地利学派为代表的市场过程观点将"企业家精神"简化为对创新与风险的态度，以新古典经济学派为代表的观点将"企业家精神"视为企业家资源禀赋，以马克斯·韦伯为代表的观点将"企业家精神"内化为宗教文化下企业家的精神图腾。这些不同观点在一定程度上扩展了人们对"企业家精神"的认知。但对于受儒家文化影响的中国企业家而言，其企业家精神该如何刻画无疑是一个巨大的挑战。

范小平博士从"格局"的角度来对中国企业家精神进行分析，视角独特且新颖。"格局"一词在中文语境中出现频率颇高，但如何理解其意义对人们来说颇具挑战性。和这个词有关的、被研究者广泛关注的应该是费孝通先生提出的"差序格局"，在这个刻画中国社会人际关系的专业名词中，"格局"被定义为以个人为中心的社会关系空间分布。**那么，企业家的格局应该理解为以商业活动为中心的个人利益、他人利益与家国**

利益的空间分布，即企业家如何在时间与空间的范围内，以商业活动为中心来平衡个人利益、他人利益与家国利益。如何对待"义"与"利"是儒家文化历次思潮中关注的核心之一，"义利合一"的儒家思想，不仅深刻影响了中国社会的道德观念，也为中国企业家提供了精神指引。

范小平博士这位深耕于实体行业的经营者、管理者，仿佛一位在田间地头劳作的老农，不但勤恳耕耘，而且深入思考。他运用扎根理论的方法，历经六年，通过无数次深度访谈、广泛调研、细致分析，从企业家格局这一独特的视角，尝试解读中国的企业家精神，著成这部难得的力作。《企业家格局解码》一书不仅填补了企业家格局系统理论研究的空白，更为企业家们提供了一本可供借鉴的参考书，同时也为企业成长理论研究者展现了一座值得深入挖掘的"矿山"——企业家格局。

正如赵汀阳在《惠此中国：作为一个神性概念的中国》一书中所说的，"人所以为万物之灵，不在于勇于僭越，不在于以自身尺度为万物立法，而在于能够弃我从物，在于能超出自身尺度的局限而以万物为尺度，因此能分享天地之道"。

叶文平，暨南大学教授

高高山顶立，深深海底行

英国经济学家阿尔弗雷德·马歇尔（Alfred Marshall）在探讨推动经济增长的因素时，除古典经济学中的"土地、资本、劳动"三要素之外，首次提出了第四要素"企业家才能"，并在其分配理论中将早期的"三位一体"扩大为"四位一体"，即劳动—工资、土地—地租、资本—利息、企业家才能—利润。将组织利润归结为企业家才能之上的管理收益，肇始于此。对于企业家才能的研究长期被认为是组织理论研究的核心。从管理实践来看，无论企业在规模、技术和产业上发生了如何巨大的变化，以及外部政治、法律等制度发生了怎样剧烈的变迁调整，民营企业的兴衰始终与其领导者的企业家才能密切相关。

范小平博士以其丰富的管理实践经验和扎实的理论基础，及其独特的观察视角对企业家才能进行了深入的剖析，其在《企业家格局解码》一书中，试图以企业家格局这一企业家才能重要的组成部分作为切入点，探究企业家格局的构成因素及该因素对企业成长的影响机制。通过阅读本书，读者可以更全面地了解企业家格局对企业成长的重要性，从而更深刻地理解为何在中国转型经济进程中不同民营企业存在成长轨迹差异，也可以更加科学和精准地预判中国民营企业在家族化向职业化转型中可能演化的方向。

总体来说，本书的理论贡献主要体现在：运用扎根研究识别企业家格局的内涵与维度。长期以来，战略领导力的本土化研究一直是学术界关注的焦点。本书基于理论分析与实践观察，解释了企业家格局的概念和内涵，并系统开发了企业家格局的量表，为企业家格局的研究提供了重要的基础性工具，同时揭示了中西方战略领导力关注焦点的差异，为后续进行战略领导力的跨文化比较研究提供了指引。

当前，在推进产业转型升级、实现经济高质量发展的关键时期，中国民营企业面临着严峻的挑战。本书紧扣中国民营企业面临的问题，既结合中国本土的文化情境，又遵循全球企业成长模式演化的一般规律，其结论和观点，能为中国民营企业家提升格局、为优化企业外部发展环境提供有益启示。因此，本书无论是在当下还是在未来，都有着重要的价值：高高山顶立，深深海底行。

范玉顺，清华大学教授

探寻企业家格局的缘起

法国作家雨果说：

　　世界上最宽阔的是海洋，

　　比海洋更宽阔的是天空，

　　比天空更宽阔的是人的胸怀。

但是，个体的人，其胸怀的宽阔程度是千差万别的。

从山顶看出去，有人看到的是地上的尘土，有人看到的是绿色的小草，有人看到的是树上的花朵，有人看到的是天边的彩云。而决定自己眼界的，是自己的格局。

"格局"这个词被一些学者形象地称为"自我"与"他我"的距离，也就是说，"格"可以视为一个时间变量，"局"可以视为一个空间概念。也许自己经历的一件事，可能当时自己认为是"天大的事"，但把它放到十年后去看，把它搁在全国去看，把它放在地球村去看，也许就不是原来那件"天大的事"了！

"格局"一词从诞生起，不但拥有极其丰富的内涵，而且承载着特殊的历史使命，深深地影响着中国人生活的方方面面。我作为一个职业经理人、投资者，迄今为止主导和辅导过十多家企业成功登陆资本市场。我在近十家上市公司担任过董事、董事会秘书、副总裁、总裁、董事长，在过去三十多年的经营管理工作中，我与"格局""企业家格局"这些概念结下了不解之缘。回味与"格局"相关的过往经历，我有时会有由衷一笑的愉悦，有时则有如履薄冰的惊悚。

2000 年初，我从四川南下广东求职，在佛山见了一位公司老总。这个企业规模不大，老总也朴实无华。双方的交流比较坦诚、融洽，但我对他的总体印象只能算"还可以"。结束后老总派车送我去机场，在与司机闲聊时，我突然问了一个问题："你觉得你们老总怎么样？"司机想都没想就回答："我们老总是很好的人，特别有格局。"我非常惊讶，司机居然用"格局"这个词来评价自己的老总。我追问道："为什么说老总有格局呢？"司机答："哎！我和他开始都是帮人开车的。后来他开始做贸易，再后来自己开厂。老总不懂技术、不懂生产，可他把公司的股份分出去，什么人都来了。"司机简单的描述令我醍醐灌顶。于是，我开始深入了解这家公司，最后，我放弃了规模更大、薪资更高的几家企业，加盟了佛山这家公司——广东德美精细化工股份有限公司（下文简称德美化工）。这位老总姓黄。

我的工作主要是负责经营管理、推进企业上市。规范经营管理，难免会动既得利益者的蛋糕，同时也会增加经营成本。再加上当时正在进行股权分置改革，IPO（首次公开募股）暂停，我的工作举步维艰，企业上市阻力重重。此时，黄总力排众议，坚定不移地支持规范管理和上市工作。他说："一切照计划推进，如果失败了，我们从头再来，怕什么？"管理者的眼界、心胸和魄力转化为企业艰难前行时的动力。我和同伴们不仅充满信心，而且充满热情。中国股权分置改革后，IPO重启，第一家上市的公司就是德美化工。德美化工的这一段经历，让我初步认识到：企业家的格局高低，对企业的发展有直接影响。这是一段令人愉悦的职业之旅，我离开德美化工已经十多年了，至今仍与他们保持着良好的关系。

还有一段经历也令我印象深刻。某地政府为推动当地经济发展积极引进人才，辖区内有一家公司拥有独特的专利技术，企业规模、效益都不错，这家公司邀请我加盟管理，将公司做大、做强，并推向资本市场。我看了公司的资料，感觉基本面还可以。又与老总见了面，对方非常谦恭，再三表示："只要您来，一切都听您的。"于是，我答应了。

在这家公司的所在地，我正好有几个朋友。听说我要去这家公司，他们一致反对："老总太小气，没有格局。"一听"格局"这个词，我心里"咯噔"一下。但是已经应允的事，不好反悔。

我以投资人代表身份进入公司，并外聘了一个职业化的总经理。

刚开始，老总对新团队很尊重并全力支持团队的工作。我们一起制定了公司的战略目标，完善了组织架构，清晰了管理流程，颁布了分权手册，同时引进了关键而急需的人才。当时市场环境也不错，企业业绩迎来暴发式增长，仅七个月的利润就超过了上一年全年。同时，上市工作进展得也很顺利。然而，就在企业发展欣欣向荣、充满希望的时候，老总突然打破组织分工，否定与职责、权限相关的制度，开始直接指挥和管理。总经理的审批权限从 50 万元降到 3000 元，招一个普通工人都必须经他审批。公司管理开始变得混乱无序，采购、生产、销售遭受严重影响。经过反复多次的沟通，我才明白，他认为公司业绩好，企业值钱了，他自己必须亲自上阵操刀。他告诉我："其他人管，我吃不下饭，睡不着觉，内心非常难受。"

这时，我想起朋友们的评价，"没有格局"。虽然，我和他没有任何矛盾，并彼此尊重，但我知道，自己无法帮助他。认知不在一个层次，不同频、难共振。最后，我只能选择放弃。我走后，核心管理层和关键岗位员工也先后离职，企业快速走入下坡路。如今回想，我依然感到十分痛惜。

这一正一反的两段经历，让我对格局和企业家格局产生了浓厚的兴趣。我开始查阅各种资料和文献。结果，很失望，也很兴奋：没有找到关于这方面的系统性的研究成果。鉴于此，在负笈求学的五年时间里，我通过科学严谨的方法论对"企业家格局与企业成长"这一重要议题展开了全面且深入的研究，开始从身边熟悉的企业和企业家着手进行深度访谈。我惊奇地发现，格局和企业家格局像一座神秘莫测的金矿。格局植根于悠久灿烂的中国文化的丰厚土壤，内涵丰富多彩，外延广阔无垠。透过对格局和企业家格局的研究，我对民营企业的兴衰规律有了新角度的探寻。我的研究，区别于传统资源观、制度观的组织理论分析范式，回归于伊迪丝·彭罗斯（Edith Penrose）在其成名作《企业成长理论》中的呼吁——"企业家能力才是企业成长的舵手，我们不应该也不能够忽视企业家的独特能力"。企业家格局作为企业家能力的重要组成部分，有着东方儒家文化基因，其对中国企业家的重要性超越了西方学者研究提出的"企业家精神"，对于解释转型期中国民营经济的快速增长不可或缺。本书致力于探讨什么是企业家格局，企业家格局如何影响企业成长，并开发了企业家格局量表，帮助读者科学测评企业家格局。希望这些探讨可以为管理实践者理解中国经济增长之谜、理解中国企业的成长过程贡献些许灵感。

在全球经济进入冬季之时，希望我的研究能为那些在雪地上负重前行的企业家们带来一丝暖意。也希望更多企业管理者能以全新的视角和更大的格局，正视冬天的萧瑟，畅想春天的烂漫。

目录

第一章

为什么要讨论
企业家格局

一、现实背景

发轫于 1978 年的改革开放，让中国经济从单一的计划体系逐步向多元的市场体系转换。在高速发展向高质量发展转型的重要阶段，企业家作为企业的"基因"和"灵魂"，为经济的复苏和社会的发展做出了重要贡献，得到了社会的高度认可，也得到了实业界和理论界长期的焦点性关注。

随着数字经济时代的到来，企业家战略领导力对组织的重要性日益凸显。数字经济正在快速地改变经济和社会的方方面面，其发展速度之快、辐射范围之广、影响程度之深前所未有，并且正在成为全球要素资源重组、全球经济结构重塑、全球竞争格局更新换代的关键力量。首先，数字经济是建立在"万物互联"基础上的一种经济形态，相对于传统的经济活动而言，数字经济内部的要素更多，要素之间的关联性更为多元，因此在复杂度方面更为显著；其次，数字经济是以数字要素和模块化的资源组合为基础的经济形态，相对于传统经济而言，数字经济更具柔性，所以更新换代的速度更快；最后，数字经济打破了产业的边界，让竞争从同行企业间的比拼，上升到生态层面的比拼，竞争的形式更加多样化，竞争对手的界定更加困难，这在很大程度上增强了数字经济的模糊性。由此，数字经济从纷繁复杂、变幻莫测、模糊难变等方面为企业带来了全新的不确定性的市场环境。

而企业家的战略领导力是帮助企业应对不确定性从而实现基业长青的关键要素。首先，具有战略领导力的企业家往往具有更为长远的目光，从而可以"拨开迷雾"为企业指引正确的方向；其次，具有战略领导力的企业家往往具有更强的韧性，可以在挫折和冲突中保持定力，为企业可持续发展奠定基础；最后，具有战略领导力的企业家往往更加善于协调各方关系与资源，从而通过更大的网络柔性去适应潜在的不确定性。综上所述，企业家的战略领导力对帮助企业跨越不确定性具有极为关键的价值和意义。同时，作为企业的掌舵人和最终决策者，企业家的特质、精神、胸襟对企业的持续、健康发展也十分重要，而且这种重要性是不可替代的。管理实践者与研究者都深刻洞悉企业家战略领导力至关重要的作用，这也导致对企业家战略领导力的研究成为战略管理研究的核心议题。

在当代管理实践领域，"企业家格局"时常出现在人们的话语体系中，众多管理实践者逐渐重视企业家格局，认为企业家格局是影响企业存亡和发展的一个关键变量，是造成企业成长差异的潜在因素，也是企业家事业成功与否的重要条件。然而，企业家格局究竟是什么？企业家格局包含哪些内涵？企业家格局对企业发展的影响有哪些？我们应如何评价企业家的格局，如何有意识地去培养企业家的格局？一切都亟待系统而深入地研究。

二、理论背景

企业成长是经济增长的根源之一，但早期新古典经济学却忽视了企业家能力在企业成长中的重要作用。新古典经济学的最优生产规模理论与新制度经济学的交易成本理论认为企业成长的动力来源可以分为两大类：企业成长的外生性动力和内生性动力。外生性动力强调决定企业成长的动力来源主要是企业外部因素（制度环境、市场结构、社会环境等），企业无法控制和影响这些因素，只能被动地适应这些因素来达到企业成长；而内生性动力强调决定企业成长的动力来源主要是企业内部异质性资源，充分利用和开发异质性资源的企业才能获得持续的成长。

彭罗斯的《企业成长理论》被视为系统揭示企业成长的关键。彭罗斯认为，成长意味着发展过程以量的增长或质的改进为结果，类似于自然生物过程——一系列内部变化相互作用，引起生物体的体型增大和特征变化。她的企业成长理论旨在回答"是否存在某种内在因素，既促进企业成长，又必然限制其成长速度"。不同于交易成本理论把企业定义为合约的集合，彭罗斯将企业定义为绑定在某个管理框架内的资源集合。

根据这一定义，企业将持续成长，直到抵达管理协调和权威沟通不再可行的企业边界。不同于一般经济学理论，彭罗斯认为企业持续扩张是为了增加长期总利润，而不是为了短期利润最大化。企业扩张旨在抓住那些他们认为有利可图的机遇，而不管边际投资回报率如何。在决定企业成长的诸多因素中，企业家能力（特别是战略领导力）是决定企业成长的关键。

在企业成长领域，企业家的战略领导力一直备受关注，出现了大量有关战略领导力的研究成果。但是随着数字经济的快速发展，产业环境、商业模式和市场竞争的形态都发生了迅速而剧烈的变革（Jafari-Sadeghi et al.，2021；王满四等，2021）。这些全新的产业、商业和竞争模式所带来的不确定性为传统企业家战略领导力的研究带来了新的挑战（张镒等，2020）。为了应对这些新的挑战，现有的企业家战略领导力研究亟待打破组织边界的限制，并积极与战略管理的文献对话，从而在战略领导力与企业不确定性应对之间架起理论的桥梁（Benitez et al.，2022）。

现有的企业家战略领导力研究已经围绕着战略领导力的内涵及其在不同情境下所呈现出的不同类型展开了广泛的探讨，并凝练出了战略领导力、责任型领导力、平台领导力、供应链领导力等众多具有不同功能的领导力类型（Simsek et al.，2015；Vera & Crossan，2004；李叶叶、唐宁玉，2022；王可迪等，2022；张镒等，2020）。但是目前战略领导力的相关研究更多还是聚焦于微观层面，关注战略领导力如何平衡高管团队或者组织内不同的逻辑冲突（张燕，2021），较少聚焦企业家战略领导力如何影响企业绩效的内在机理，更缺少从企业家的眼界、心胸等关键要素去审视企业绩效差别出现的原因。

三、研究问题

面对全球化、信息化、数字化新经济所带来的机遇和冲击，中国企业充分把握住了各类机遇并有效地抵御住了外部不确定性的冲击，表现出更强的经济韧性。基于此，本书的核心研究问题聚焦于：在中国独特的文化背景下，企业家战略领导力如何影响企业成长？换句话说，是聚焦于企业家格局如何影响企业绩效。为了解决上述核心问题，本书通过分别回答以下三个问题，尝试构建一个企业家格局影响企业绩效的理论模型。

第一，格局的内涵是什么，有哪些特征？要讨论企业家格局，必须先溯本求源，了解什么是格局。因此，深挖格局的内涵和特征，是展开研究的第一步。

第二，企业家格局的概念、特征及维度分别有哪些？如前所述，中国企业家在面对数字技术和数字经济等新兴技术和经济形态所带来的挑战和机遇时，展现出了远超别国企业家的魄力和效率（Oliveira et al.，2014；Shinkle & Kriauciunas，2012）。深入挖掘企业家格局的概念、特征和维度，构建企业家格局模型，对于进一步培养更多成功的企业家和讲好中国故事具有重要的理论和实践价值。

第三，如何修炼与提升企业家格局？我们研究企业家格局，是为了寻求企业家格局的提升之法，因此，最后我们探讨如何提升企业家格局。

四、研究对象与主要概念界定

（一）研究对象

本书的研究对象为受中华文化影响的企业家群体，以及在他们领导下发展起来的企业。与西方文化不同，中华文化更为强调"合"与"和"等特质，而文化又是造就特定企业家群体领导力特质的重要影响因素。这就导致中国企业家的领导力特质与西方主流研究中的领导力存在较大的差异，并且这种差异化的领导力在不确定性日益增强的管理活动中呈现出了独特的优势。为了进一步凸显中国企业家领导力的特质，本书主要聚焦于大型复杂业务组织、数字化领域的新兴企业或大型跨国企业。选择这些企业的原因如下：

第一，大型复杂业务组织、数字化领域的新兴企业或大型跨国企业，分别都因为业务的复杂性、新兴业务的模糊性及不同制度所酿造的文化的特殊性，而面临着极端的不确定性。能够在极端的不确定性中实现基业长青的企业家背后的领导力特质，相对于其他企业家而言更具深度挖掘的价值。

第二，大型复杂业务组织、数字化领域的新兴企业或大型跨国企业的经验具有典型性。对这些企业的经验进行研究，不仅对这些企业本身具有启示意义，相关的研究发现也能为其他类型的企业提供借鉴。

第三，本书的企业样本来源于各种不同的行业，既有硬件科技行业，也有数字信息产业，还有教育培训和相对传统的化工行业等。多元化的样本来源可以较好地保障本书研究结论的信度和效度。

（二）主要概念界定

企业家格局：企业家格局是指企业家的眼光、胸怀和思想高度等，是指影响企业家创新、协调和提升绩效相关效果的个人特质和性格要素的集合。

决策逻辑：决策逻辑是指构成一个行为人决策过程中的信息处理模式和思维习惯。本书主要涉及因果逻辑和效果逻辑两种决策逻辑类型。因果逻辑是指先确定目标市场，再制定计划，确保能获得最大收益，同时在计划实施过程中不断调整具体决策。效果逻辑是指决策者分析现在可使用的手段和资源有哪些，确定自己能做到什么，从而整合资源，确定战略。

行业复杂性：复杂性是指事物内部各要素彼此之间存在着多种不同联系，从而引发因果关系和发展趋势的不确定性。行业复杂性则特指由行业内部要素的丰富性所带来的众多可能性和趋势。

环境动态性：环境动态性是指企业所处环境，包括宏观经济环境、社会环境、产业环境、企业内部环境等，随时间变化而变化的趋势。

企业绩效：企业绩效是指在一定时间内企业的经营效益和经营者的业绩。

第二章

相关文献综述

一、企业家领导力研究

战略领导力作为组织战略研究的核心，如何有效地提升企业家领导力、如何识别有效的领导力模式长期以来一直是研究者关注的焦点。早在 20 世纪初，弗雷德里克·温斯洛·泰勒（Frederick Winslow Taylor）在其成名作《科学管理原理》一书中就尝试归纳有效领导者的行为规律，随后社会系统学派的奠基人切斯特·巴纳德（Chester Barnard）进一步提出"领导力是包含领导者、追随者和外部环境三者之间的函数"，这些早期富有洞察力的探索为推动战略领导力的科学研究提供了启示，影响了 20 世纪中后期以心理学与社会学为代表的对领导力的系统研究。在领导力有效性的研究中主要有四类系统性观点：领导特质论、领导行为论、领导情境论和领导权力过程论。这四类系统性观点从不同视角解析了领导力有效性的结构因素、过程因素和情境因素，虽然不同视角之间存在分歧甚至冲突，但不同视角之间的争论与辨析极大地丰富并促进了领导力的研究。这四类领导力的系统性观点为领导力研究奠定了基础。

（一）领导特质论

领导特质论的观点肇始于管理学研究中的一个长期争论——"优秀的领导者究竟是后天培养的还是天生的"。20世纪二三十年代，心理学家开始研究领导力时使用的方法即为领导特质论。领导特质论认为：（1）领导力取决于领导者的个人品质（Judge et al.，2002），这种品质是天生的或者说是遗传的（Zaccaro，2007）；（2）对于组织而言，关键是如何通过特质论选择合适的领导者，而不是培养非领导者成为领导者（Jenkins，1947）。早期领导力研究试图捕捉具有卓越领导力的领导者身上的共性特质，这主要经历了以下三个不同阶段的发展。

第一阶段，关注领导者显性特质。这一类的研究主要以布雷等认知心理学家为代表，其研究认为个体的遗传因素、身体特征、内分泌因素、性别差异和神经因素等都是决定个体领导力的关键（Bray et al.，1974）。贾奇等（Judge et al.，2002）对领导力研究的特质视角进行了定性回顾，并进行了元分析，结果表明大五人格是检验领导力性格预测因素的有效基础，其中责任感（0.29）和外向性（0.27）是与领导力最一致的相关因素。

第二阶段，关注领导者隐性特质。随着战略决策学派在管理学研究中的兴起，尤其是在赫伯特·亚历山大·西蒙（Herbert Alexander Simon）"管理就是决策"观点所产生的广泛影响下，以罗宾斯等

（Robbins et al.，1998）为代表的研究者对有效领导者的隐性特质展开了深入研究，其研究认为认知能力（认知灵活性与认知复杂性）、决策能力、人格特质、自我调节和价值观等因素是决定个体领导力的关键。他们的观点认为相比于显性特质而言，隐性特质才是决定个体领导力的关键，其原因在于隐性特质直接体现了领导者的思考与决策模式，并影响其行为模式。例如，智力、适应能力和外向性在任何情况下都会正向影响领导力（Mann，1959）。

第三阶段，关注领导者混合特质。扎卡罗等（Zaccaro et al.，2018）将领导者特质定义为相对稳定和连贯的个人特征的整合。扎卡罗等（Zaccaro et al.，2007）做出三点澄清：（1）领导者特质不应该被孤立地考虑，而应该被视为影响领导者绩效的一系列属性；（2）特质是指促进领导效能稳定性的各种个人品质，不仅包括性格、性别等显性特质，还包括认知能力、价值观等隐性特质；（3）领导特质是持久稳定的，在领导有效性中会产生跨情境的稳定性。

领导特质论极大地推动了对领导力有效性的研究，但卡特等（Carter et al.，1951）通过实验室实验，研究了领导在不同任务情境下的连续性，结果发现是否能成为领导者取决于任务的性质，而不是领导者所具有的特质。随着类似研究的开展，领导特质论的发展面临极大的挑战。领导特质论未能发现一组一致的特质来预测领导力的出现和有效性，这对后续领导行为研究具有激励作用。由于近年来性格测量和评估工具的改善，研究者们开始重新重视领导特质论的研究。

（二）领导行为模式

20世纪40年代后期，领导力研究开始关注领导行为模式（behavioral mode of leadership），该理论认为有效的领导行为可以通过后天的培训获得。领导行为论的相关研究始于20世纪40年代后期，在俄亥俄州立大学，斯托格迪尔等（Stogdill et al.，1948）对领导行为的探究开启了领导行为理论之门，他们认为领导者具有定规（initiating structure）与关怀（consideration）两大类行为。定规是使下属了解自己该做什么，明确绩效标准，规划工作任务，监督下属遵照规章制度；关怀是对下属友善，公平对待下属，重视员工福祉，使自己平易近人。有效的领导者仅仅以高关怀和定规的方式行事似乎是过于简单的（Kerr et al.，1974），而后密歇根大学学派进一步发展出了员工导向和工作导向两个领导行为维度。员工导向的领导行为致力于提高团队凝聚力，并保证员工对工作满意；而工作导向的领导行为关注员工的工作情况，解释说明工作流程并致力于提高工作绩效。俄亥俄州立大学学派最早的研究受到一些学者质疑，他们认为该理论没有将情境变量考虑在内，在实践中关怀和定规两大维度会共存，并会受到其他情境因素的影响，如下属关怀、上司关怀、任务关怀等（Kerr et al.，1974），因此需要考虑情境因素来理解领导力的有效性。密歇根大学发展的二维理论同样认为员工导向和工作导向的领导行为处于一条水平线的两端，不能共存，这同样也是具有局限性的。俄亥俄州立大学学派和密歇根大学学派开启了研究者对领导行为模式理论的探索，其中典型的代表理论主要有变革型领导、真实型领导、道德型领导、家长式领导等。

1. 变革型领导

美国历史学家伯恩斯（Burns，1978）首次提出并对比了变革型领导和交易型领导，用来描述政治领导的行为。巴斯（Bass，1985）将变革型领导和交易型领导引入管理学中，认为变革型领导包含理想化影响力、鼓舞性激励、智力激发、个性化关怀四个维度，强调个体对追随者的直接影响。但早期的研究忽略了变革型领导的分析层次问题，对其是个体层面的现象还是团队层面的现象并没有一致的结论，而且用测量变革型领导的多因素问卷（Antonakis et al.，2003）来衡量群体层面的变革型领导行为不是最佳的。后续学者提出了一个双层变革型领导模型，认为变革型领导的两个维度——智力激发和个性化关怀是针对个体追随者的需求和能力，期望在领导者和追随者之间建立联系，更有可能在个人层面表现出来；而另外两个维度——理想化影响力和鼓舞性激励强调了群体的身份，将追随者的自我概念和群体的共同价值观相联系，更有可能在群体层面表现出来（Kark & Shamir，2002；Wu et al.，2010）。另外，豪威尔等（Howell et al.，2010）发展出团队聚焦型变革型领导和个体聚焦型变革型领导，并且开发出双层变革型领导量表，其中团队聚焦型变革型领导包含强调群体身份、传达群体愿景、团队建设三个维度，个体聚焦型变革型领导包含高期望沟通、领导者跟随、智力激发和个人认可四个维度。

变革型领导是领导行为模式研究中占据近年领导力研究领域主导地

位的典范。穆泽等（Meuser et al.，2016）在综述中通过社会网络的分析方法，发现变革型领导是战略领导力研究领域最常被提到的理论，变革型领导网络的中心与领导特质理论中领导者和追随者认知集群相连接。这说明变革型领导虽然属于领导行为模式，但研究者仍然在关注特质论的重要问题，即"什么样的特质使一个人成为好的领导者"。变革型领导的研究空白在于：（1）变革型领导的"黑暗面"或者说是"伪变革型领导"在现有研究中没有被很好地进行整合；（2）现有研究中仍然缺少关于变革型领导的跨文化、变革型领导的领导力涌现、变革型领导的领导力发展的研究；（3）变革型领导的某些维度可能同时适用于个体层次和团队层次，需要明确领导力哪些维度可以跨层次存在，哪些领导力维度是单一层次所特有的。

2. 真实型领导

真实型领导在过去十几年里受到了极大的关注（Banks et al.，2016），这可能来源于人们对政府和领导者的信任危机。在早期研究中，真实型领导、心理资本和变革型领导之间的区别并不明确（Gardner et al.，2011）。后来真实型领导被定义为一个过程，即不仅包括真实的领导，还包括真实的追随者，追随者出于真实的原因追随领导者，从而形成真实的关系（Shamir & Eilam，2005）。有些学者认为，只有当追随者首先认同领导者时，真正的领导者才能增强追随者对工作的认同（Wong et al.，2011）。经效度检验等验证，真实型领导被广泛接受的定义为有自我意识，对"自己是谁"表现出开放和清晰的态度，并始终按照他们个人的价值观、信仰、动机和情感来披露和行动。真实型领导包含四个维度：自我意识、关系透明、平衡处理、内化道德。这四个维度中，柯尼斯和戈德曼（Kernis & Goldman，2006）认为自我意识是真实型领导的核心。

关于真实型领导的前因变量研究较少，例如，有学者指出乐观、具有韧性、充满希望的积极心理资本与真实型领导正相关（Jensen & Luthans，2006）。真实型领导的作用后果研究，包括其中介变量和因变量都受到了更多实证研究的关注。

真实型领导的研究空白有：（1）研究需要扩展其法则网络并考虑具体的情境和个体差异因素，即检验理论框架和实证研究框架之间的鸿沟（Gardner et al.，2011）。詹森和卢森斯（Jensen & Luthans，2006）明确研究了真实型领导的前因积极心理资本，这也为领导情境模式理论的发展提供了基础。（2）真实型领导中领导者的重要性已被实证检验，真实型追随者也在一开始就被强调，但并没有一项研究能明确真实型追随者所起的作用（Gardner et al.，2011）。（3）现有的研究方法过度强调调查测量、横截面设计和单一数据来源，未来研究者应该使用更广泛的方法进行研究，比如实验设计、定性方法等（Gardner et al.，2011）。（4）真实型领导与其他类型的领导风格有概念重叠，班克斯等（Banks et al.，2016）通过元分析比较真实型领导和变革型领导，发现真实型领导与变革型领导存在结构上的赘余和重叠，与变革型领导力更密切相关的结果（任务绩效、领导者有效性、追随者工作满意度和追随者对领导者的满意度）反映了个人层面的关注，而与真实型领导力更密切相关的结果（组织绩效）反映了集体层面的关注。

3.道德型领导

领导者应该是下属道德指导的主要来源。布朗等（Brown et al.，2005）通过辨析道德型领导与变革型领导在诚信方面和对待追随者态度方面的区别，提出道德型领导是具有独特性的，他们从社会学习理论的视角将道德型领导定义为"通过个人行为和人际关系展示规范的行为，并通过双向沟通、强化和决策向追随者推广这种行为"，同时构建了道德型领导的测量量表。

道德型领导是稳定的，不是领导者根据情境来适配的（Walumbwa & Schaubroeck，2009）。道德型领导可以减少不道德行为和追随者的有害行为（Mayer et al.，2009）。以往研究认为道德型领导对员工绩效的积极影响会受到领导者和追随者之间关系质量的影响（Walumbwa et al.，2011），关系质量忽略了个人层面的动机资源：心理资本。鲍克诺格等（Bouckenooghe et al.，2015）运用社会学习视角的逻辑认为道德型领导者作为榜样会影响追随者的行为，探究了道德型领导对下属绩效的影响及其作用机制，证明道德型领导通过心理资本和下属—领导目标一致性的中介作用对下属工作绩效有正向影响。瓦伦布瓦和朔布洛克（Walumbwa & Schaubroeck，2009）对道德型领导的前因进行了深入讨论，认为：宜人性高的人更可能使用建设性的策略来帮助他人、为他人考虑，责任心高的人更有可能向下属传达道德行为的原则和标准，即通过宜人性和责任心可以显著预测道德型领导行为。但同时，该研究也提到，虽然道德型领导行为是稳定的，但外部工作环境可能会影响道德型领导，这有待未来研究探索。

4. 家长式领导

家长式领导是由樊景立和郑伯埙 2000 年在西尔金（Silin, 1976）、雷丁（Redding, 1990）、郑 伯 埙（郑伯埙, 1995）和韦斯特伍德（Westwood, 1997）等人的相关研究基础上明确提出的，他们指出：家长式领导包含威权、仁慈和德行三个维度。虽然起源于家族式领导中国家族企业，但近年来实证研究样本表明，除了在中国以外，家长式领导还普遍存在于韩国（Chai et al., 2020）、土耳其（Erben & Güneşer, 2008）、阿拉伯（Siddique et al., 2020）、美国（Pellegrini et al., 2010）、巴基斯坦（Soomro et al., 2020）等其他国家或地区，彰显了它的跨文化属性和广泛存在性（Cheng et al., 2014）。

家长式领导的作用效果主要基于个体层面、团队层面和组织层面，聚焦于对员工绩效、员工创新、团队绩效、团队行为等的影响。但家长式领导的三个维度在不同情境下的作用效果并不相同。以家长式领导的单维度威权对个体层面的绩效影响为例，威权领导对员工工作绩效的作用效果在实证研究中出现了三种不同的结果：负向影响（Chan et al., 2013；Schaubroeck et al., 2017）、无显著相关性（于桂兰等, 2017）、正向影响（张军成、凌文辁, 2016）。家长式领导对团队层面绩效的作用效果也同样出现了上述三种结果（Chiang et al., 2021；张新安等, 2009）。究其原因，可以这样理解：不同的情境因素，如不同组织中不同的权力距离、组织规范程度等，可能会造成不同的结果。关于三个维度的交互作用，有些学者认为恩威并施是最有效的领导方式，与下属绩效之间存在正向关系，呼应了领导者倾向于将仁慈与威权相结合来影响下属绩效的现象（Wang et al., 2018）。

领导行为论也具有自身的局限性，即可以持续预测领导效果的行为并不存在。例如，在团队发展不同阶段领导者需要起到不同的作用，在团队发展的早期领导者需要明确规则，而在团队发展的后期，当规则已经明确且被接受之后领导者需要对员工进行激励。

（三）领导的情境模式

领导特质论认为领导有效性是由于领导者具有某种特质，领导行为模式理论认为有效领导行为可以通过培训习得，但实践中许多优秀的领导者并未接受过任何领导力培训，理论研究也发现培训后领导力不一定会提升，但这能说明领导力培训是无效的吗？从 20 世纪 50 年代晚期开始，对领导的研究逐渐转为研究领导的情境，出现了领导的情境模式（situational mode of leadership）理论，这一理论认为：

第一，领导者所需要的素质、特点和技能在很大程度上取决于领导者所处的环境的要求（Stogdill, 1948），在一种情境下有效的领导力在另一种情境下可能无效（Fleishman, 1953）；

第二，领导者的特质是根据不同群体和他们的需求而不同程度地被激发出来的（Hollander & Julian, 1969），是通过领导者和追随者的互动产生的，任何领导模式的选择都是团队的任务、组成和文化综合作用产生的结果（Mann，1959）。

领导的情境模式重点研究不同环境下，特别是不同的组织任务和组织结构下的领导者（Hollander & Julian，1969）。例如，情境可以极大地改变认知复杂性对决策的有效性，处在更加复杂、更加稳定和更丰富的行业环境中时，CEO认知复杂性会提高公司绩效，但处在更简单、更动荡和资源更受限的环境中时，CEO认知复杂性会降低公司绩效（Malhotra & Harrison，2022）。领导的情境模式理论重在确认在某情境下应采用何种领导行为或风格才更加有效。领导的情境模式理论在近年研究中取得较大的进展，主要分为以下两个阶段。

第一，权变理论阶段。权变理论认为组织或群体的绩效取决于领导特质和情境的相互作用，也就是说，必须使领导者的动机和情境给予领导者对其决策结果的控制程度相匹配。这一理论揭示了领导的决策风格和组织绩效之间的关系，将领导风格区分为"任务导向"和"关系导向"（Fiedler，1971），同时，该理论认为任务导向的领导风格在非常有利和不利的情境中会更有效，而关系导向的领导风格在中等有利的情况下会表现得更有效。

第二，路径目标理论阶段。豪斯（House，1971）认为领导者的作用是为下属创造成功的路径，而这种路径是否能提高下属的工作热情取决于特定的条件，包括下属的特质（工作能力和控制观）和环境的特质（工作任务特征的结构化程度）。该理论的贡献在于提出领导者需要根据情境和下属的特性来灵活调整自己的行为，并且提出参与型领导的概念。

（四）领导权力过程模式

1. 领导者—部属交换理论（LMX）

格莱恩和尤尔 - 拜因（Graen & Uhl-Bien，1995）将领导力研究分为三类：领导者，追随者，领导者和下属之间的二元关系（LMX 领导成员交换）。这种二元关系是 LMX 理论的核心，与领导特质论和领导行为论中更强调领导者或追随者的特征、风格和行为（Martin et al.，2018），将追随者视为被动的接受者（Anand et al.，2011）不同。LMX 不仅包括交易型领导中的物质交易，还包括领导者和下属之间心理和社会上的交换。领导者在其团队中与下属形成不同的质量关系，被称为 LMX 差异化（Martin et al.，2018），这种差异化是 LMX 的本质，领导者在此过程中只与少数的追随者建立高质量的关系（Liden et al.，2006）。高 LMX 关系包括有形奖励，比如具有挑战性的任务和培训机会，以及无形的奖励，如领导者的信任和尊重。LMX 理论认为领导力的来源是领导者和下属之间的关系。领导会根据下属的能力、值得信任的程度和下属的担责意识，将下属区分为圈内人和圈外人，圈内人会主动承担更多的责任、付出更多的努力，相应地，领导也会给予他们更多的关注；圈外人只做日常的工作，与上司保持基本的工作关系，并且领导者也只靠法定的统御力来管理他们。LMX 既是交易型的也是变革型的，开始于有限的"交易"，但最有效的情况是基于变革。学者们试图在不同文化背景中理解 LMX 的作用机理，安纳德等（Anand et al.，2011）将该类研究分为两类：第一类，将 LMX 的适用情境应用到其他国家或地区文化中；第二类，研究文化各维度与 LMX 的关系。

2. 辱虐管理

前文研究的皆为积极的领导行为，如变革型领导、道德型领导等，但辱虐管理揭露了领导方式的黑暗面。辱虐管理的相关理论起源于美国，但越来越多的实证样本表明辱虐管理存在普遍性（Martinko et al.，2013）。泰珀（Tepper，2007）定义辱虐管理的概念为"领导者持续表现出敌对的语言和非语言行为，不包括身体接触"。下属在辱虐管理下会产生两种完全相反的反应——受到伤害或提升绩效。有些学者基于社会学习理论，对团队领导行为和员工个人绩效进行了跨层次研究，认为部门的辱虐管理会通过团队领导的辱虐管理抑制员工创造力的内在动机（Liu et al.，2012），他们认为部门领导对团队员工进行辱骂、批评等行为时，团队员工会不满意他们的工作、质疑他们个人对组织的贡献，从而会降低员工的创造力绩效。并且他们通过归因理论验证了下属对辱虐管理两种不同反应的归因会对其创造力绩效起到不同的影响效果。麦奇等（Mackey et al.，2017）通过对辱虐管理进行元分析，认为对辱虐型领导的研究缺乏统一的理论研究框架，这造成在理论研究中有大量的理论出现。他们使用了公平理论主要的解释框架，即下属不公平的感觉会由领导者的辱虐管理行为触发（Klaussner，2014），发现下属对监督公平的感知是辱虐管理的前因之一。

除了以上领导力理论外，各种领导力理论的涌现极大地丰富了领导力研究，但是，到底需要多少种理论才能涵盖领导力的全部领域呢？实际上，要想触达领导力的本质，需要剔除大量的领导力理论。穆泽等（Meuser et al.，2016）通过整合领导力理论研究的现状，调查了2000—2013年10个顶级期刊上的研究所用的49种领导方法和理论，发现最常用的6种领导方法和理论是变革型领导、魅力型领导、战略型领导、领导与多样性、参与型或共享型领导、特质理论。班克斯等（Banks et al.，2016）提出在引入一个新的领导结构时，需要评估新的领导风格结构在预测重要结果时是否具有和其他领导风格不一样的有效性，这也是领导力理论发展所出现的困境之一。当新型领导理论出现后，研究者们似乎过于追求对其有效性的检验，而忽略了对真实型领导、家长式领导等不同领导风格的前因变量的研究。实际上，未来研究学者应该更关注导致各种领导行为模式出现的因素。

（五）企业家领导力与战略选择

企业的领导，特别是CEO，其个性特征在很大程度上决定了企业的未来发展轨迹。领导的个性特征如同一只无形的手，引导着企业的战略走向。

在20世纪70年代，战略管理领域的部分学者就开始深入探究CEO的个性特征对企业战略的影响。柯林斯和摩尔（Collions & Moore，1970）在其著作中率先揭示，在小型企业的成长过程中，CEO的个性特征起着至关重要的作用。随后，米勒及其团队深入探究了 CEO 的个性特征，包括 CEO 的控制点、灵活性和成就需求等，对企业发展的多维度影响。

米勒等人（Miller et al.，1982）指出，CEO 的控制点对其战略决策具有重要影响。"控制点"这一概念，是心理学家 J. 罗特（J.Rotter）在 1966 年提出的，指的是人们对行为或事件结果的一般性看法，反映了人们对事件结果的归因倾向。具有内部控制点的 CEO 倾向于把行为结果归咎于自身因素，如能力和努力；具有外部控制点的 CEO 则常把行为结果归咎于外部因素，如命运和机遇。内部控制型 CEO 认为自己能显著影响生活和工作事件，认为行为后果主要源自个人努力，因此，米勒等人认为这类 CEO 更注重产品和营销创新，勇于冒险，能引领行业竞争而非跟随他人。米勒和图鲁斯（Miller & Toulouse，1986）在加拿大收集了 97 家企业 CEO 的个性特征数据，发现具有内部控制点的 CEO 在产品创新、未来导向和问题解决灵活性方面表现更好。研究还表明，在规模较小和多变的企业环境中，CEO 控制点对企业战略决策的影响更为显著。此外，CEO 的控制点也直接影响企业绩效。

米勒和图鲁斯的研究还深入探讨了 CEO 的灵活性如何作用于组织结构和战略选择。他们发现，灵活性高的 CEO 在决策时更敢于冒险，偏好采用简单的、非正式的企业组织结构，并更倾向于实施利基战略。此外，在规模较小的企业和多变的环境中，CEO 的灵活性对企业的影响更为突出，且能对企业绩效产生显著作用。

而关于 CEO 的成就需求如何影响企业的组织结构，米勒等人还有另外的发现。一般来说，高成就需求者倾向于自我挑战，积极解决问题，并乐于在组织和结构清晰的环境中工作，以便迅速获得他人对自己工作的具体反馈。米勒等人指出，CEO 的成就需求或许能够左右组织结构的形态。他们在分析 97 家加拿大企业 CEO 个性数据的基础上，对组织结构的正式性、集中性和整合性三大特性进行了实证分析，结果显示，成就需求较高的 CEO 更主动地采取战略决策，也更重视战略分析，偏好采用复杂的、正式的组织结构，也更偏爱采用以营销为主导的、面向大众的战略。而技术和外部环境的不确定性对组织结构的影响并不显著。此外，他们的研究还发现，在成立时间较短的小规模企业中，CEO 的成就需求对企业组织结构的影响更大。

在后来的研究中，米勒等人（Miller et al., 1988）对企业 CEO 的个性、企业外部环境、企业组织结构、企业战略决策之间的相互联系进行了深入探究。他们向 77 家 500 人以上规模的企业发放了问卷，并借助线性结构关系模型对问卷结果进行分析，结果显示，CEO 的成就需求影响战略决策的理性水平，进而深刻影响企业组织结构的正式性与整合性。同时，他们还发现不确定的外部环境能促进企业创新，而创新又会增强企业组织结构的正式性和整合性，但同时也会削弱企业组织结构的集中性。这些发现再次证实了 CEO 个性对企业决策和绩效的影响。

然而，在随后的几十年里，由于竞争战略理论的兴起和产业组织理论的盛行，企业战略研究主要聚焦于企业间的行业竞争结构分析，这导致从企业内部视角出发，关注 CEO 个性等因素对战略影响的研究一度陷入停滞。步入 21 世纪后，全球化步伐的加快和信息技术的突飞猛进，使得企业所面临的竞争态势日益复杂多变，这迫使企业必须将注意力从外部市场环境转向内部，聚焦于自身独特资源（包括决策者个人）和知识技术的挖掘与积累，以构筑企业独有的核心竞争力。而这种核心竞争力的获得，并非依赖于企业的产品或市场布局，而是取决于企业对外界变化的敏锐洞察力和响应速度，即能否准确预判市场走势并迅速适应顾客需求的变动。CEO 作为企业战略决策的制定者和执行者，其个性特质无疑会对企业的响应能力产生深远影响，进而影响企业绩效。基于这样的认识，战略管理学者再度将目光投向 CEO 个性对战略决策的影响研究，并在这一方向上取得了显著的进展。

众多方差分解分析显示，企业间存在绩效差异的大部分原因可以通过 CEO 间的差异来解释。最近的研究更是表明，CEO 对企业绩效的影响近年来愈发显著。麦奇（Mackey，2009）指出，有 29.2% 的企业间绩效差异和企业的 CEO 有关。奎格利和汉布瑞克（Quigley & Hambrick，2014）发现，自 1990 年以来，CEO 的作用日益增强，平均能解释 25% 的企业间绩效差异。这些实证结果证明，CEO 个性特征对企业战略与企业绩效存在影响。当前，关于 CEO 个性如何影响企业战略与绩效的研究，主要围绕 CEO 的人格特质、核心自我评价、自恋倾向等方面。

心理学领域的大五人格模型，确定了人类人格的五个特质维度，代表了对人类人格的核心描述。这五个特质维度分别是：开放性，尽责性，外倾性，宜人性，情绪稳定性（也称神经质）。彼得森等人（Peterson et al.，2003）深入探究了 CEO 的这些特质维度，通过对 17 家企业 CEO 的人格特质及其对应高管团队内部互动的综合分析，确认了 CEO 的人格特质会影响高管团队内部的互动，进而对企业绩效产生影响。在研究过程中，他们开创性地将 Q 分类技术引入 CEO 个性研究领域，利用丰富的、公开的二手资料（例如 CEO 的著作、文章、演讲、访谈记录及新闻公告等），通过分类手段对 CEO 的人格特质进行了细致划分。

纳德卡尔尼和赫尔曼（Nadkarni & Herrmann，2010）借助调查问卷，全面而深入地分析了 CEO 的人格特质如何作用于企业战略灵活性和绩效。其中企业战略灵活性指的是，企业在没有预见外部环境变化时应对风险的能力。他们研究发现，CEO 的人格特质会影响企业战略灵活性：CEO 的尽责性会对企业战略灵活性产生负面影响；CEO 的外倾性、开放性和情绪稳定性会对企业战略灵活性产生正面影响；CEO 的宜人性与企业战略灵活性的关系则呈现出先正后负的趋势。企业战略灵活性对企业绩效具有显著的正面效应，因此 CEO 的人格特质也会间接影响企业绩效。

在后续的研究中，赫尔曼和纳德卡尔尼（Herrmann & Nadkarni，2014）进一步探讨了 CEO 人格的五个特质维度对不同类型战略的具体影响。他们指出，CEO 的人格特质在企业战略转变的推出和执行成效上发挥着显著作用。他们通过对厄瓜多尔 120 家企业的问卷调查，发现 CEO 的外倾性、开放性、情绪稳定性，会对企业战略转变的推出和执行成效产生正面影响，其中外倾性和开放性仅对战略转变的推出有影响，而情绪稳定性和宜人性则同时影响企业战略转变的推出和执行成效。此外，CEO 的尽责性对战略转变的推出和执行成效均产生负面影响。与此同时，科尔伯特等人（Colbert et al.，2014）拓展研究了 CEO 及高管团队的人格特质对企业绩效的影响，发现 CEO 和高管团队的尽责性，都会对企业绩效产生明显的正面影响。

席勒和汉布瑞克（Hiller & Hambrick，2005）系统探究了 CEO 核心自我评价对企业战略的影响。他们依据心理学的研究成果，界定了 CEO 核心自我评价所包含的四个维度：自尊、自我效能、控制点，以及情绪稳定性。他们指出，拥有高核心自我评价的 CEO 在战略决策过程中往往展现出较低的综合性、较快的决策速度及较高的决策权集中度，更倾向于频繁推出决策，更愿意采纳非本行业主流的战略，并在执行 CEO 推出的政策时表现出更高的决心，这最终可能导致企业绩效的显著波动。

"自恋"这一概念，曾经对弗洛伊德的心理学理论产生了深远的影响，因此在心理学领域内一直占据着重要的地位。自恋的主要特征包括：自我崇拜或以自我为中心，视自身为领导与权威，拥有自我优越感及骄傲感，以及认为自身特权是理所当然的。值得注意的是，在近现代心理学中，自恋已不再被视为一种病态，而是被视为一种普遍存在于个体中的、程度不同的性格倾向。而 CEO 的自恋倾向，目前也是战略管理领域中的一个热门议题。

查特吉和汉布瑞克（Chatterjee & Hambrick，2007）的研究指出，自恋倾向较高的 CEO 会在公司年度汇报中更明显地展示个人照片，在新闻中频繁提及自己名字，在接受采访时更倾向于使用"我"而不是"我们"，同时为自己设定远高于其他高管的薪酬。基于这些表现，查特吉和汉布瑞克构建了一个 CEO 自恋指数。通过实证研究，他们发现自恋倾向较高的 CEO 更可能频繁进行大规模收购，引发企业战略的大幅变动。然而，尽管自恋倾向较高的 CEO 可能导致企业财务状况的不稳定，但并未对企业的平均财务绩效产生显著影响。在 2011 年的进一步研究中，查特吉和汉布瑞克发现，自恋倾向较高的 CEO 对企业客观绩效指标的变化并不敏感，但是非常在意媒体的主观评价。他们通过分析企业风险性开销和收购溢价，验证了之前的假设。格斯特纳等人（Gerstner et al., 2013）在研究大型制药企业对技术变革的反应时，也采用了 CEO 自恋指数。他们发现，在面对新技术时，自恋倾向较高的 CEO 更倾向于采取激进策略，增加技术创新投资。而且，当媒体对新技术关注较多时，这种表现尤为明显。此外，威尔士等人（Wales et al., 2013）研究发现，CEO 的自恋倾向对企业的创业导向具有正面影响，并进一步确认了 CEO 自恋倾向与企业绩效波动之间的关系。这些研究共同揭示了自恋倾向较高的 CEO 在企业管理中的一系列行为特征及其对企业战略、绩效和创业导向的影响。

雷西克等人（Resick et al., 2009）研究发现，自恋倾向较高的 CEO 不太倾向于采用基于绩效的奖励机制来激励员工，而这种机制在降低经理人离职率和提升员工积极性方面具有显著正面效果。彼得森等人（Peterson et al., 2012）则指出，自恋倾向较高的 CEO 缺乏服务型领导风格，而这种风格对企业绩效有着显著的正面促进作用。雷娜等人（Reina et al., 2014）研究发现，只有当 CEO 的组织认同感较高时，其自恋倾向才会对高管团队整合程度产生正面的影响。

朱和陈提出（Zhu & Chen, 2014a），自恋倾向较高的 CEO 通常认为自己过去的决策都是正确的，因此更可能忽视公司其他董事的经历和意见，依据自己过去的经验来制定公司战略。通过研究世界 500 强公司的战略决策，他们发现，自恋倾向较高的 CEO 轻视其他董事的宝贵经验，并且在决策时故意选择和其他董事经验相反的策略来彰显自己的地位。这项研究表明，自恋倾向较高的 CEO 可能严重阻碍董事会基本功能的实现，进而对公司的有效治理构成严重威胁。

朱和陈（Zhu & Chen，2014b）还观察到，自恋程度各异的 CEO 普遍担忧新董事可能不认同或不支持自己的领导决策，因此，具有影响力的 CEO 更倾向于提名与自己自恋特质相近的人担任新董事，而这些由 CEO 提名并当选的新董事更可能赞同并支持 CEO 的风险性投资决策，进而增强 CEO 对企业战略的影响。他们对多家大型企业的实证研究结果有力地印证了这些观点。奥莱利等人（O'Reilly et al.，2014）的研究揭示了 CEO 的自恋特质如何影响其本人及其他高管人员的薪酬水平。他们通过对 32 家具有显著地位的高科技企业的实证分析，提出自恋倾向较高的 CEO 会随着任期延长而不断提升自己的薪酬，并刻意扩大自己与其他高管之间的薪酬差距。

（六）企业家领导力与企业绩效

战略领导力的研究对象主要集中在高层次的组织领导，例如 CEO 和高管团队。在 20 世纪七八十年代，学者们关于领导力对绩效的影响存在很大的争论，争论的焦点为领导力的有效性——战略领导力和企业绩效是否有关。来自社会学领域的学者对领导力持怀疑观点，认为领导行为对组织绩效的影响小于组织和环境因素的影响（Hannan & Freeman，1977；Salanick & Pfeffer，1977），但支持的学者认为，领导者对组织绩效具有重要影响（Child，1972；Thomas，1988）。针对领导力怀疑论，战略领导力研究领域出现了以下三种领导力研究理论。

第一种：高阶梯队理论。汉布瑞克和梅森（Hambrick & Mason，1984）提出高阶梯队理论，认为组织是高层管理者认知和价值观的反映，管理者背景特征可以部分预测企业战略选择和绩效水平，如职能背景、教育程度、任期等。高阶梯队理论将战略领导力研究学者的关注点引到高管特征中，社会心理学理论在战略领导力领域的应用开始萌生，成为近年来战略领导力领域最有影响力的视角之一。高阶梯队理论的研究主要从以下两个方面研究领导者对企业行为和绩效的影响：

（1）高管背景特征或工作特征的异质性，比如高管任期、年龄、教育背景等。亨德森等（Henderson et al.，2006）研究表明，CEO 任期与公司绩效会因为外部环境的变化而呈现倒 U 型关系，在稳定环境下，CEO 任期对公司绩效的有效性会随着时间增加而提高，但随后会下降；在动荡的环境中，CEO 任期对公司绩效的有效性会更快地体现出来。该研究虽然表明了高阶梯队理论的有效性，但也反映出在外部因素发生变化时高阶梯队理论所解释的战略领导力有效性会有强弱变化。同样，金等（King et al.，2016）发现银行 CEO 的受教育程度和质量对银行绩效有影响，证明拥有 MBA 学位的 CEO 所在的银行绩效表现优于同行。

（2）高管性格特征和行事风格等特质的异质性。例如，查特吉和汉布瑞克（Chatterjee & Hambrick，2007）发现 CEO 的自恋特质会使其在战略决策中做出吸引眼球的冒险战略行动，使公司绩效结果极好或者极差。但是，高阶梯队理论研究者也意识到高层管理者对组织绩效的影响并不是持续有效：一方面，管理的有效性可能取决于高层管理者拥有多大的自由裁量权，即他们的决策在组织中是否受限（Hambrick & Finkelstein，1987）；另一方面，前文所述领导者异质性影响领导力有效性的实证证据表明，管理有效性还有可能取决于外部环境和极端特质的出现。

虽然高阶梯队理论改善了战略领导力理论框架，且能够反映领导者认知和价值的人口统计学特征是客观并容易测量的，但是早在 20 年前就有学者提出，战略领导力理论研究者应该停止使用人口统计变量作为心理社会结构的替代品（Boal & Hooijberg，2000）。依赖人口统计变量作为认知风格、价值观等代理变量是具有局限性的，未能测量主观概念（Carter & Greer，2013），研究者应该在高管的心理特征和决策倾向上进行不断地探索，在保证研究具有心理学和实证证据支撑的前提下（朱洪泉，2021），使高管的心理特征得到严谨的证明。

第二种：全域领导理论。历史学家伯恩斯首次提出并对比了变革型领导和交易型领导，用来描述政治领导的行为。变革型领导是领导者和追随者之间的相互作用，在这种相互作用中，二者都将对方提升到更高的伦理、道德和动机水平。交易型领导是一种更传统的领导力过程，领导者向追随者展示他们如何通过采用特定的行为模式来实现个人目标。简言之，交易型领导会告诉追随者哪些行为会受到奖励，交易型领导者是用一种东西交换追随者的另一种东西。巴斯将变革型领导和交易型领导引入管理学中，认为变革型领导包含四个维度：理想化影响力、鼓舞性激励、智力激发、个性化关怀；交易型领导包含两个维度：随机奖赏、介入管理。虽然变革型领导和交易型领导具有概念维度上的差异，但二者并不是相互对立的，一个领导者可以同时使用变革型领导和交易型领导（Bass & Avolio，1997）。巴斯将很少给追随者提供指导的自由放任型领导风格与变革型领导、交易型领导放在一起，进行层级对比，突出变革型领导和交易型领导的合法性。这种从领导者自由放任到领导交易层次再到变革层次的模型被称为全域领导理论。

基于上述全域领导理论的分析，后续的研究者不断对变革型领导和交易型领导的有效性进行探索。有大量实证研究通过中介机制或者调节机制表明，变革型领导在个人层面、团队层面和公司层面都是有效的。例如，吴（Ng，2017）通过对 600 多篇有关于变革型领导的实证研究进行元分析，发现变革型领导会通过情感、动机、认同、社会交换和公正增强五个核心机制，对个体、团队和组织层面的任务绩效、公民行为和创新行为起到正向作用。埃伦科夫等（Elenkov et al.，2005）通过研究包含三种文化的六个国家的调查数据发现，变革型战略领导力行为对产品市场和行政创新有很强的正向影响，高层管理团队（Top Management Team，TMT）任期异质性在两种类型的创新中均能调节战略领导行为与行政创新的关系，而社会文化仅在行政创新中调节这种关系。至于交易型领导的作用后果，有利论和有害论同时存在。总的来看，有利论认为，交易型领导的本质是与下属进行利益交换，领导对下属的激励可以作为一种激励信号，激励下属创新、提高绩效。但有害论认为，交易型领导强调奖惩过程，会使员工缺少自主性，降低员工提高绩效或创新的积极性。虽然针对两种领导方式已经有了大量实证研究，但大部分研究集中于领导者个体层次，领导者与组织层面因素、社会层面因素的交互作用很少被深入研究。

第三种：愿景领导。全域领导理论说明了领导必须付出实际行动才能对组织变革起到作用，但忽略了对领导者传达组织愿景的讨论。愿景是充满活力的、组织希望实现的"口头画像"，愿景领导是指领导者借助口头或者书面的方式向下属传达组织的愿景来激励下属，使下属为这一愿景做出贡献（Nutt & Backoff，1997）。愿景领导力学派的研究学者强调了愿景的重要性，认为战略领导力的有效性体现在构建愿景的能力上，组织的领导者要能将组织愿景清晰地传达给下属，否则就很有可能无法实现组织目标（Elenkov et al.，2005）。关于愿景领导对绩效影响的研究主要分为以下两种层次。

（1）在个体层次上，探讨愿景领导对下属的积极作用。例如，卡顿等（Carton et al.，2014）证明了愿景领导行为会提高下属绩效。斯塔姆等（Stam et al.，2014）发现愿景领导会改变下属的认知过程，领导的愿景沟通可能会使下属创造出集体自我的概念，下属通过自我概念的提升来尽力实现组织愿景。

（2）在团队层次上，探讨愿景领导对团队有效性的积极作用。例如，埃塞耶等（Eseryel et al.，2021）研究自我管理的虚拟团队，发现愿景领导可以通过建立共享心理模式和共享规范收敛促使团队成功。

另外，关于愿景领导的有效性，有学者也提出愿景领导似乎与变革型领导维度中理想化影响力、鼓舞性激励在概念上有所重合，二者之间是否具有差异和共同之处，需要进一步验证。

不同领导风格对企业绩效的作用效果有显著的差异，同一种领导风格对企业绩效的作用效果也存在一定的差异。企业绩效有任务绩效、创新绩效等，本书关注的是广义的绩效。

（七）领导力研究评述

本节系统梳理了领导特质论、领导行为论、领导情境论和领导权力过程论四种战略领导力相关研究，回顾了战略领导力对企业绩效影响的研究，主要得到了以下五个结论：

（1）领导特质论支持者并不能找出一组固有的领导者特质，而且无法解释领导者是先具有领导特征才能成为领导者，还是成为领导者后激发了其特质带来的内生性成长从而具有领导能力；

（2）本书对领导行为模式的回顾以变革型领导、真实型领导、道德型领导、家长式领导为例，这四种领导风格已经发展出较为成熟的维度和测量工具；

（3）领导的情境模式理论认为，领导者特质和行为的选择是根据领导者所处的环境、领导者和追随者的互动模式所产生的；

（4）领导权力过程模式是在领导与下属之间的角色互动和博弈中逐步形成的；

（5）理论界并未对战略领导力与企业绩效之间的关系形成统一的认识，同一种领导风格或许会出现相悖的结论。

笔者通过对各个领导理论流派对领导力有效性研究的文献梳理，发现领导力研究还存在以下不足之处。

（1）领导行为模式研究还存在两个主要问题：其一，研究者关注领导风格是否有效，而忽略了"什么促成了这种领导风格"，换句话讲，领导力研究缺乏前因机制的深入探究（汪林等，2020），而前因机制的研究又对我们理解领导力的形成过程具有重要作用；其二，领导风格依旧不断涌现，研究者似乎过于关注新型领导风格的有效性，而未重视与其他领导风格在结构和概念上的重叠，长期来看，不利于领导力领域整体的研究。

（2）缺乏中国情境下的领导力研究。战略领导力研究是领导力研究的重要流派，现有领导力研究大多是将西方背景下产生的领导风格放置于中国情境中，用中国的数据样本去检验西方的领导力理论，这显然是错位的。

（3）在领导特质论的研究中，应该谨慎使用人口统计变量，但战略领导力研究似乎过于依赖将人口统计变量作为认知风格、价值观等代理变量（Carter & Greer，2013）。

（4）现有关于领导风格的研究方法过度强调调查测量、横截面设计和单一数据来源，虽然也有一些研究用公司年度报告中 CEO 的照片尺寸等外部二手数据的测度方法来衡量 CEO 自恋程度（Chatterjee & Hambrick，2007），但鲜少有学者用二手数据的测量方法测量某种领导风格，未来研究者应该使用更广泛的方法进行测量，比如实验设计、定性方法等（Gardner et al.，2011）。

战略领导力是现在的研究热点，未来也仍会是（张燕，2021）。曹仰锋和李平 2010 年在对中国领导力本土化发展研究评述中，概括了中国领导力研究的三个阶段，分别是：（1）非本土阶段，这一阶段的研究主要是为了验证西方领导理论在中国的应用；（2）比较式弱本土阶段，这一阶段开始对西方理论进行比较和修订，尝试发展中国特色的领导力研究；（3）强本土阶段，这一阶段是基于东方特征构建新型领导理论，该阶段又以家长式领导理论为典型代表。从对战略领导力研究的回顾来看，战略领导力的发展依然停滞在第三个阶段，并且对最具典型性的家长式领导的研究依然进展缓慢（李新春等，2020）。

二、企业家决策逻辑研究综述

（一）因果逻辑的起源

1977 年，哲学家、逻辑学家阿瑟·勃克斯（Arthur Burks）在其出版的《机遇、因果和推理》一书中首次提出因果逻辑的概念，他认为可以用因果逻辑来解释事物，探究事物的来源、发展和最终走向。因果逻辑已成为现代逻辑的一个重要分支。

虽然因果逻辑是作为哲学理论被正式提出的，但实际上因果逻辑一直被广泛运用于众多学术研究领域，尤其是管理学的研究。因果逻辑强调预测，而管理学中的经典职能管理和战略管理也同样强调预测，经典职能管理和战略管理认为过去的经验、模式、方法对未来问题的解决能起到一定作用（Sarasvathy，2001）。在经典的管理决策理论中，美国著名心理学家赫伯特·亚历山大·西蒙提出的"手段—目的法"尤其突出了因果逻辑以结果为导向并且利用选择影响结果的主要特征。该理论假定，行为主体根据预期目的，在可选择手段中选定最可能达到目的的手段实施，从而实现预期（Simon，1973）。例如，人力资源管理者在进行招聘时，会运用大量的组织行为学知识和心理量表，并且结合过往实践经验帮助公司雇佣最合适的工作对象；在开发新产品时，管理者需要进行市场调研、分析产品需求，以及通过需求函数的形状得出市场所能承受的价格，帮助企业更全面地做出开发产品的相关决策（Sarasvathy，2001）。以因果逻辑为底层逻辑的经典管理决策理论，被大量管理者广泛应用于企业管理的各个环节，帮助管理者做出正确的决策。管理决策理论不仅在现实情境中被广泛使用，在学术领域中也被大量学者深入研究，管理决策相关的研究也随着管理学领域的拓展而不断延伸研究的边界。

尽管有大量学者研究创业中的决策逻辑，但长期以来，并未有研究者系统性地指出作为古典决策逻辑重要体现之一的因果逻辑与创业决策之间的关系。直到 2001 年，莎拉斯瓦蒂（Sarasvathy，2001）在"手段—目的法"的基础上正式将因果逻辑引入创业研究领域，并赋予了因果逻辑在创业决策情境中的特定含义，使得因果逻辑成为创业研究领域的一个专业术语。

自从因果逻辑被赋予了创业情境中的特定含义，因果逻辑就被视为创业决策的一种传统范式，大量学者结合过往的创业研究，重新讨论这种与经典管理理论相近的决策方式在概念、应用背景、选择原因、效果等维度的具体表现。由于学者一般将因果逻辑与效果逻辑结合进行研究讨论，所以在本节我们只整理回顾部分具有代表性的研究结果，作为因果逻辑的拓展和延伸。关于因果逻辑的定义，研究人员通过研究发现过往的管理概念同样适用于因果逻辑，例如意向性、机会识别和评估、计划、资源获取以及对机会的利用等，这些概念帮助扩展了因果逻辑的研究边界，并且深化了因果逻辑的定义。因果逻辑一般适用于确定性和可预测性较高的环境，大量研究结果表明因果关系的测量与不确定性的测量呈负相关。除了研究环境与因果逻辑之间的关系，还有学者研究个体选择与因果逻辑之间的关系，他们发现 MBA 学生由于在课堂上长期接触管理的经典范式，会更多采用因果逻辑进行决策，倾向于使用预测框架帮助决策。有些学者发现因果逻辑与就业规模呈正相关，且因果逻辑和企业净利率之间存在倒 U 型曲线关系（Peng，2020）。阿尔萨莫拉（Alzamora，2021）发现因果逻辑能够通过确定目标和克服意外的维度对创新产生有利的影响。以上对于因果逻辑的研究，不仅能够拓展该理论的研究边界，还能够帮助学者在因果逻辑的基础上探究创业情境中更具多样性的决策方式。

（二）效果逻辑的起源

在研究创业决策时，有学者发现因果逻辑的应用具有环境可预测的前提限制，但创业情境恰恰具有高度不确定性和不可预测性，这导致因果逻辑在创业决策中发挥的作用相当有限。由于当时的决策理论无法为处于高度不确定性环境中的企业家提供可靠的决策逻辑，大量学者对环境不确定性与创业决策逻辑之间的关系进行了研究。有些学者发现，由于未来情形的高度不确定性，创业者无法通过收集和分析信息来为决策提供依据，往往依靠预感和直觉来做出决策，而且通常是先行动后分析。由此可见，这种决策方式——先通过市场调研、SWOT（Strengths，优势；Weaknesses，劣势；Opportunities，机会；Threats，威胁）分析，再识别机会、制定计划、采取行动——明显不同于因果逻辑。这种决策方式更强调创业者的主观能动性，是一种"先动而后知"的范式，而不是因果逻辑所倡导的"先知而后动"的范式。

为了解释创业者在不确定性环境下或在市场不存在的情况下创建新企业的行为，莎拉斯瓦蒂曾对创业过程中的决策逻辑进行了深入研究。莎拉斯瓦蒂邀请了27个成功的创业研究对象，分别对他们进行了访谈和测验，让他们针对一个假想的创业项目回答创业过程中面临的10个决策问题。结果发现创业专家们创建企业时不一定会从市场调查开始，也不一定对新企业有很完整、清晰的构想，他们通常是先利用给定资源行动，在行动中逐渐明确创业目标。这些行为和逻辑有悖于之前教科书中的标准模式，莎拉斯瓦蒂将创业专家的创业行动决策方式定义为"效果逻辑"。

莎拉斯瓦蒂后来进一步将效果逻辑描述为"创业的专业逻辑，是创造新产品或服务的动态和互动的过程"，并提出效果逻辑的五个原则：实验原则、可承受损失原则、先前承诺原则、灵活性原则和可控制原则。

实验原则强调决策的出发点是现有的资源和手段。可承受损失原则强调行动者投入资源以可接受的损失而不是预期回报为标准。先前承诺原则强调行动者应投放更多精力于创建创业联盟或寻找资源上。灵活性原则强调行动者要利用环境和情境顺势而为，放大自身的优势。可控制原则强调行动者需要发挥主观能动性识别和利用机会。这五项原则可以深化效果逻辑的行动准则，帮助学者和企业家更好地理解效果逻辑理论。

自效果逻辑理论提出 20 多年以来，学术界围绕该理论总共产生来自 54 个国家的 700 多项成果，主要可以分成五类：效果逻辑的概念，选择效果逻辑的个人前因，效果逻辑与企业绩效，效果逻辑与国际化，效果逻辑与创新。这五类研究分别从不同的视角深入探讨了效果逻辑的概念、定义及具体影响，扩展了效果逻辑的研究边界，帮助学者们进一步对效果逻辑进行研究。

（三）两类决策逻辑的比较

因果逻辑是指先确定目标，再制定战略，并整合资源来实现目标。效果逻辑是指不尝试预测未来，也不确定一个明确的目标，只是利用现有的手段和资源，付诸行动，创造出各种可能的结果。总的来说，因果逻辑就是从一组手段中挑选最优的去实现预期结果，而效果逻辑是利用一组给定的手段去创造各种可能的结果，结果是优是劣，实践后才可知。

因果逻辑和效果逻辑的思维模式和行动原则有很大不同，使用两种不同逻辑进行创业的过程也不同。以谢恩为代表的发现学派认为创业者需要从复杂的市场环境中发现潜在的市场机会，进而开发机会，最终创建新企业。以莎拉斯瓦蒂和文卡塔拉曼为代表的创造学派认为创业机会先前并不存在，是由创业者在不确定性环境中创造出来的，因此，创业者不是先发现机会再行动，而是先采取行动再根据市场反馈调整行动。

思维逻辑的选择取决于创业者所处的具体情境，但同一情境中决策者一般主要使用一种思维逻辑来进行决策，每一种思维逻辑都有其一定的适用情形。因果逻辑适用于处于成熟稳定行业的新创企业，创业者可以通过学习该行业的成功企业或标杆企业了解该行业的结构和竞争规则，并获取企业构建和发展的必要信息，也可以通过收集可靠数据获得精准预测的结果。而效果逻辑适用于处于快速发展期或尚未成形行业内的企业。此时人们对市场中可能的供应商、潜在顾客、行业竞争的规则等还没有形成普遍共识，创业者需要通过效果逻辑创造机会、改变现状，在行动中积累相关经验和知识，从而把机会变成现实。创业者应该根据自身所处的环境决定要将因果逻辑还是效果逻辑作为决策的主导。

（四）决策逻辑与企业绩效

因果逻辑和效果逻辑是近年来创业研究领域的热门话题，相当多的学者对此话题进行了深入的研究，主要包括四类：两者的前因，两者的使用，两者的后果，以及两者的测量。

因果逻辑和效果逻辑的前因相关研究指的是，对个人选择所侧重的决策方式的生效前因的相关研究。综合来看，这些研究都指向了一个不统一的个人风格结果。有研究学者得出，拥有越多创业经验的专家越倾向于采用效果逻辑进行创业决策。例如，迪尤等学者发现企业家更多使用效果逻辑进行决策，他们整体关注风险投资，较少关注预测结果；而MBA学生更多采用因果逻辑进行决策，倾向于使用预测框架帮助决策。但同年巴伦指出迪尤等人的两组研究对象的特质没有进行控制，导致研究结果不一定可信。除了研究个体的实践经验以外，还有学者研究企业家的性格倾向对创业决策方式选择产生的影响。例如，巴特利通过研究受过创业教育的创业新手与创业专家之间的决策区别，得出选择使用哪一种创业决策取决于使用者的冒险性，冒险性越高，则选择效果逻辑的可能性越大。而施托雷通过研究新生代企业家对因果逻辑和效果逻辑的使用，发现激情、创业自我效能感和风险感知的结合导致了因果逻辑和效果逻辑的使用。同样，运用类似方法的研究发现情绪复杂度较高的企业家更有可能同时采用两种类型的创业逻辑，而认知灵活性在这种正向关系中起到了中介作用。以上研究都表明个体性格的差异会影响企业家对决策方式的选择。考虑到这些理论和方法上的差异，以及所报告的各种经验性发现，我们似乎可以谨慎地推测，目前，关于个人特征和个人对效应的理解之间可能存在的关系仍然没有定论。但以上的研究结果有助于解开创业者选择决策逻辑背后的一些复杂问题。此外，此类研究目前还停留在行为个体的层面，未来可以向创业团体决策逻辑的选择背后的复杂问题等方向进行更深入的研究。

因果逻辑和效果逻辑的使用相关研究指的是分析两种决策方式适用场景的研究。由于效果逻辑是基于环境不确定性提出的，所以有大量学者通过一系列测试验证两种决策方式的选择与环境不确定性之间的关系。其中，钱德勒等学者发现因果逻辑与环境不确定性呈负相关，而效果逻辑的其中一个维度——实验维度与环境不确定性呈正相关。同样，有些学者通过研究得出相似的结论：在具有较高不确定性的环境下，企业家倾向于混合使用因果逻辑和效果逻辑；而在不确定性较小的环境中，企业家会优先选用因果逻辑作为决策方法。那么如何量化环境的不确定性并且确定环境不确定性与决策方式的匹配关系呢？韦尔特和金使用一个基于代理的模拟模型，研究了在不确定和有风险的情况下，效果逻辑相对于因果逻辑的有效性，并发现在企业家能够正确预测未来高于75%之前，效果逻辑的效果都优于因果逻辑。该研究把环境的不确定性和决策逻辑之间关系从定性关系转变为定量关系。除了研究环境的不确定性对决策方式的影响以外，还有学者研究了制度环境对两种决策方式的选择的影响。莱恩和加尔金娜在俄罗斯的外贸制裁背景下研究中小企业的国际活动，发现制度环境的不确定性使得企业的决策方法从因果逻辑转变为效果逻辑。除了研究宏观环境，还有一些学者单独研究资源对两种决策逻辑的选择的影响，例如雷曼等学者发现在资源短缺的背景下，因果逻辑发挥的作用远不如效果逻辑。此外，还有一些学者深入研究两种决策方式适用的市场背景，例如一些学者在研究中发现，在新兴市场因果关系决策风格对企业绩效管理更有效。学者们通过研究两种决策方式适合的环境，能够更好地预判和解释两种决策方式在不同环境下分别或者同时带来的效果和影响。

　　因果逻辑和效果逻辑的后果相关研究指的是，探究这两种决策方式给企业带来绩效、国际化及创新等方面影响的研究。因果逻辑和效果逻辑作为决策方式，衡量其是否有效的标准就是测量两者给企业带来的结果——绩效、国际化程度、创新能力等。（1）绩效是最能体现企业的竞争优势和盈利能力的指标，所以有学者研究因果逻辑和效果逻辑的选择如何影响企业绩效。例如埃雅娜等通过研究因果逻辑和效果逻辑两种决策方式对埃塞俄比亚旅游公司的绩效分别产生的影响，得出因果逻辑与就业规模呈正相关、效果逻辑与财务指标呈正相关的结论。同样，穆桑蒂通过对南非科技公司的 94 名高管调查发现效果逻辑的使用与公司的经营水平存在着正相关关系，而这种正相关最终反映到了企业的绩效上。一些学者在研究中首次创新地使用元分析法探究两种决策逻辑与企业绩效的关系，同样得出两种决策风格与企业绩效之间存在正相关关系，且效果型决策风格对企业绩效的影响略强。一些学者研究因果逻辑和效果逻辑与企业绩效之间的关系，得出效果逻辑和新创企业绩效（New Venture Performance，NVP）之间存在 J 型曲线关系，而因果逻辑和 NVP 之间存在倒 U 型曲线关系，正式将两者对绩效的影响模型化。创业领域内的学者除了研究因果逻辑和效果逻辑对企业绩效的单独影响以外，还研究两者之间的交互作用对企业绩效的影响。例如，一些学者通过研究 312 家软件公司发现，两者之间的交互作用在环境不确定性高的时候会对企业绩效产生积极影响，在环境不确定性低时会对企业产生消极影响。通过研究因果逻辑和效果逻辑分别对企业和共同对企业的绩效产生的影响，学者可以进一步理解两者对绩效的作用机理及具体效果。（2）在全球快速一体化的背景下，企业的国际化能力也是企业竞争力的主要体现，两种决策逻辑如何影响企业的国际化能力和进程都是非常值得探讨的话题。诺温斯基和里亚普选取意大利的五个国际制造商企业作为研究对象，得出从因果逻辑转换为效果逻辑，可以帮助企业在国外迅速提高承诺水平。沙利文等人通过对澳大利亚的九所全球化企业进行调研得出，采用效果逻辑的营销方案能够帮助这些国际企业获得更卓越的绩效。而切蒂发现在国外已经存在现有关系的企业家会更倾向于采用效果逻辑来选择和进入市场。从以上的研究发现，在企业的国际化行动中采用效果逻辑进行决策是一种更为合适的选择。结合因果逻辑和效果逻辑的特点分析可得，由于国际形势难以预测，国际企业所处的环境不确定性较高，此时效果逻辑的作用会更大。（3）有大量学者研究了因果逻辑和效果逻辑对企业创新的潜在影响。早在21世纪10年代初，科维略和约瑟夫就观察到效果逻辑与重大创新有关。在布莱特等的研究中，他们首先通过访谈和试点研究来验证并调整先前的调查工具，以适应企业研发项目的特殊背景。他们在一次大型调查中使用验证过的工具，发现效果逻辑似乎对研发绩效（效率和产出）有积极的影响，特别是在创新能力较高的情况下。布拉斯等明智地使用了相同的验证工具，专注于对这些发现的个人层面进行阐述，并对企业研发项目的员工进行了调查。这些学者记录了使用有效的决策逻辑会对实践的创造力产生积极影响，而使用因果逻辑似乎会对创造力产生消极影响，他们表明，当面临的不确定性水平增加时，这些影响更大。贝伦兹等通过研究中小型企业的产品创新过程，发现使用效果逻辑能使产品创新成为资源驱动的、循序渐进的和开放式的，而使用因果逻辑能用来设定目标、计划活动和投入资源以实现目标。

而阿尔萨莫拉等同样选用科技领域的中小型企业作为研究对象，得出效果逻辑通过利用意外的维度能够促进创新，而因果逻辑通过目标和克服意外的维度对创新产生有利的影响，即两者通过不同的作用机理都能够对公司创新起到促进作用。以上的研究具体体现了两种决策逻辑对创业的现实影响，通常而言，效果逻辑更能为企业带来创新的绩效，而因果逻辑在某些维度上能够促进企业的创新，但也有可能会遏制员工个体的创新能力。

因果逻辑和效果逻辑的测量相关研究指的是，分析两种决策方式的测量方法的研究。在因果逻辑和效果逻辑的测量相关研究中，认可度较高的测量方法主要由钱德勒和其他学者一同提出和完善。钱德勒等提出，由于因果逻辑属于一阶构建，所以能够直接通过含有七个项目的李克特式量表得出因果逻辑的测量；而效果逻辑属于多维的形成性构建，无法通过直接的量表测量出具体数值，所以需要通过四个量表测量效果逻辑的四个子维度（实验，可承受损失，灵活性，先前承诺和战略联盟）进而测量效果逻辑。在以上提及的效果逻辑的量表的基础上，佩里和钱德勒等提出了两个具体的可用于效果评估的形成性测量模型——效应的混合指标测量模型和效应结构的综合指标测量模型，并且对模型中需要收集的数据类型、收集数据的方法、建构与测量、数据分析的目标、数据分析方法等提供了指导，通过提供方法和理论支撑两个测量模型落地。

（五）决策逻辑研究评述

前文系统地回顾了因果逻辑和效果逻辑相关的内容和研究，层层递进地归纳总结了因果逻辑和效果逻辑的相关研究结果。从整体来看，两种决策逻辑自 2001 年被提出以来就获得了大量的学术关注，特别是效果逻辑由于和经典管理决策理论在出发点、过程和逻辑上都有巨大的区别，更是吸引了众多学者对相关主题进行研究。本书希望通过较为全面的文献梳理，揭示迄今为止支撑两类决策逻辑研究的主要概念、方法论等，总结现有研究的独特性，阐述不同研究结果反映出的矛盾性等问题和研究上的不足之处。在这些观察和总结的基础上，本书提出了因果逻辑和效果逻辑的相关研究的未来发展方向。

因果逻辑是对经典管理决策理论的总结性概括。因果逻辑作为创业研究领域的专有词汇，精炼地概括了传统的创业方式：创业者预先确定一个目标，然后在实现该目标的各种手段之间进行选择。因果逻辑继承了计划战略方法和经典管理决策理论的中心思想，并进一步明确机会具有客观性、未来具有可预测性等理论边界条件。现有研究还发现因果逻辑的概念中蕴含着非常多过往的经典管理概念，例如意向性、机会识别与评估、计划等。效果逻辑则是针对常见的真实创业情境，即高度不确定性和不可预测性环境而被提出。效果逻辑能够帮助创业者在无法掌握新行业、新机会的规律时做出利于创造有利结果的决策。效果逻辑颠覆了经典管理决策理论的逻辑，更加真实地还原了创业决策场景，增加了创业研究成为独立学科的合法性。实际上，效果逻辑的提出是创业理论进展的重要里程碑，甚至被评为创业管理最近十年以来最受关注的理论建构之一。

到目前为止，与因果逻辑和效果逻辑相关的研究主要研究四个方面：选择原因、使用条件、使用结果，以及测量方法。针对个人选择决策方式的原因的分析研究，综合来看指向了一个不统一的个人风格结果，即目前的研究还未能揭示出个人特征与决策偏好之间的具体联系。两种决策方式的使用条件同样也被大量学者所关注，其中得到广泛认可的研究结果是因果逻辑与环境不确定性呈负相关，而效果逻辑则相反。除此之外，还有学者研究制度环境、资源环境及所在市场环境对两种决策方式的影响。实际上，学者研究两种决策方式为企业在绩效、国际化程度，创新方面带来了影响。将理论与实际联系起来就需要将理论进行量化，在因果逻辑和效果逻辑的测量研究中，认可度较高的测量工具主要有：钱德勒和其他学者一同提出和完善的因果逻辑测量表，以及含有四个子维度的效果逻辑测量表。

虽然有大量学者认可因果逻辑和效果逻辑的理论合法性，但也有学者认为效果逻辑中的假设存在着问题。阿伦等明确指出，效果逻辑假设中的企业家过于全能，控制与控制结果之间的关系未能阐明，手段驱使前提有不合理性，缺乏对创造新价值的解释，同时理论缺乏对创造竞争优势的说明，无法保证创业活动的持续性。

三、企业绩效相关研究综述

企业成长是经济增长的根源之一，肇始于产业组织理论学派对企业成长理论的关注，经济学与管理学学者尝试从不同视角来剖析决定企业成长的关键因素。在致力于解释企业成长的理论流派中，具有代表性的有新古典经济学的最优生产规模理论，新制度经济学的交易成本理论等。这些研究把企业成长的动力来源分为两大类：企业成长的外生性动力和内生性动力。外生性动力强调决定企业成长的动力来源主要是企业外部因素（制度环境、市场结构、社会环境等），企业无法控制和影响这些因素，只能被动地适应这些因素来达到企业成长；而内生性动力强调决定企业成长的动力来源主要是企业内部的异质性资源，充分利用和开发异质性资源的企业才能获得持续的成长。

在企业成长理论微观基础的相关研究中，彭罗斯的《企业成长理论》被视为系统揭示企业成长的关键。彭罗斯认为，成长意味着发展过程以量的增长或质的改进为结果，类似于自然生物过程——一系列内部变化相互作用，引起生物体的体型增大和特征变化。她的企业成长的理论旨在回答"是否存在某种内在因素，既促进企业成长，又必然限制其成长速度"。不同于交易成本理论把企业定义为合约的集合，彭罗斯将企业定义为绑定在某个管理框架内的资源集合。根据这一定义来看，企业将持续成长，直到抵达管理协调和权威沟通不再可行的企业边界。不同于一般经济学理论，彭罗斯认为企业持续扩张是为了增加长期总利润，而不是为了短期利润最大化。企业扩张旨在抓住那些他们认为有利可图的机遇，而不管边际投资回报率如何。在决定企业成长的诸多因素中，企业家能力是决定企业成长的关键。

延续彭罗斯的理论框架，后续对转型经济国家中企业成长的研究主要从两个理论视角来揭示影响企业成长的关键因素：制度基础理论视角和社会网络理论视角。基于制度基础理论的一个基本假设认为，企业家能力体现在如何应对制度压力和突破制度约束来促进企业成长；基于社会网络理论的一个基本假设认为，企业家能力体现在如何充分地构建社会关系网络来获得稀缺资源和信息来促进企业成长。由此，本书从制度基础理论与社会网络理论两个视角来系统梳理影响企业成长的研究脉络及关键要素。

（一）制度基础理论视角

自迪马乔和鲍威尔提出"制度牢笼"这一命题以来，制度一直被视为影响组织生存乃至发展的关键。企业成长作为企业家协调组织与外部环境互动的一个社会化活动过程，构成社会场域基本运行规则的制度环境如何影响企业成长一直是研究者关注的焦点。关于制度与企业成长的研究主要以三种不同逻辑来展开。

第一，新制度理论视角下制度稳定性与企业成长的研究。在新制度理论分析制度环境对创业决策（或成长性）的范式中，"合法性"是贯穿整个分析逻辑的关键。组织如何通过战略选择来应对制度压力进而提高合法性尤为关键。正式制度作为制度场域的主要构成者，影响潜在行动者对组织战略决策的判断。非正式制度也同样如此，皮奥托·斯托姆普卡关于文化二重性的观点指出："一方面，文化作为行动的资源库，为行动提供价值理论的、规范的和认知的方向，它以这种方式来影响个人行动的执行力。另一方面，行动同时创造性地塑造文化，在文化出现或者形态发生的过程中是最终的决定因素。"在那些鼓励风险承担、个人主义和低权利距离的国家的企业领导者，往往更愿意采用积极的战略来应对制度压力，进而获得合法性和企业成长。新创弱性与合法性不足作为制约新创企业成长的关键，遵从制度场域中的规制、规范与认知制度压力被认为是新创企业获得合法性进而突破资源约束最低成本的途径，由此，制度环境的完备程度与有效性成为决定新创企业成长的根本。延续这一逻辑，研究者从制度的效率、正式与非正式制度的功能性、不同制度维度的作用机理如何影响新创企业合法性获得策略进而影响企业成长绩效等方面展开了深入研究。

第二，信号理论视角下制度动态性与企业成长。诺思曾指出，"制度的稳定性并没有否定其处于变迁中的事实……制度总是处于演进之中的，因而不断改变着我们所能做出的选择"。信号理论视角的研究着眼于制度环境（尤其是正式制度）的动态变化如何影响潜在创业者进入创业市场和新创企业成长。信号理论的观点认为，事物可以被当作信号必须满足两个基本条件：有价值，有成本。而正式制度的变化被认为是重要的信号。正式制度的变化往往由政策制定者主导或推动，市场和潜在的企业家或组织往往将正式制度的变化速度（效率）视为政府传递改革的重要信号，并基于这一信号来判断改革的可持续性。企业成长是伴随高额机会成本的长期承诺过程，企业家将更关注未来制度对预期收益的保障能否抵消其沉没成本及对潜在失败风险的担忧，制度的动态变化释放的信号决定了企业家应该将未来的外部制度环境预期纳入当期的理性计算之中。对于组织决策（成长）而言，制度动态变化传递的信号会影响企业家和组织对未来市场的判断和预期，更为关键的是，制度动态变化还会改变市场中的资源与机会的分布，进而影响组织的战略选择。例如，埃伯哈特等研究了日本破产法制度的动态变化是如何影响企业成长绩效的。研究发现日本破产法制度通过对债务人的保护降低了企业失败的风险，进而导致组织采用更激进的创业策略，从而充分赢得了市场竞争优势。此外，对于制度动态性的研究还包括研究制度变迁速度、制度变化非均衡等对企业成长的影响。

第三，制度逻辑视角下制度复杂性与企业成长。制度逻辑的研究将社会作为一个多种制度逻辑构成、作用场域相互重叠的复杂系统，新制度理论虽然承认多种制度逻辑的存在，但对组织场域的分析强调组织场域内只存在单一主导制度逻辑来约束行动者行为的准则，而现实是场域中会存在多种竞争的制度逻辑，多重制度逻辑的共同存在构成了制度复杂性，不同制度逻辑间的不兼容、冲突决定了企业活动的成本与风险。基于传统制度理论的观点认为制度复杂性越高，制度场域中对新创组织的合法性要求越高，而且会提高企业战略决策的风险和不确定性，降低市场化资源的供给，抑制创业活动和新创企业成长。而公共选择理论给出了另外的解释，公共选择理论认为正式制度的制定与执行者，并不能保持有效的中立性，为了寻租会强化对市场的干预，制度复杂性降低了政府对市场的干预能力，强化了市场的自主演化能力，降低了市场的准入门槛，提高了企业市场的竞争活力，导致不同企业的成长性存在两极分化。

（二）社会网络理论视角

社会网络指的是一系列行动者（个体或组织）和这些行动者所组成的一系列联结。总体上讲，创业社会网络研究主要关注不同类型的网络及网络特性在新创企业资源获取中的作用。其中，创业社会网络研究主要关注三种类型的网络：创业者的个人关系、组织内的关系（即企业内部的横向关系）和组织间的关系（包含战略联盟、上下游企业间的纵向关系）。而网络的特性主要包含网络的结构（位置、数量和规模）、关系的强弱、行动者之间的互动频率和程度等。然而，近些年来逐渐兴起的对网络形成过程的研究，则关注新创企业形成和成长过程中网络的发展和演化，认为社会网络的组成特征和演变过程会引发各行动主体间资源、信息、知识的互动和交换，使得网络中的各节点（个人与个人、个人与组织、组织与组织）错综复杂地交织在一起。例如，斯洛特 - 科克和科维略提出的网络形成过程的动态理论模型，认为每个网络不仅有自己的生命周期（关系变异、选择和保留），而且还是有目的地建构的，创业者（企业）在网络形成过程中逐渐明确自身目标，并与变化的环境及环境中的其他主体发生互动，相互影响。

源于社会学的社会资本理论被广泛运用于企业成长的研究之中。作为一种根植于社会关系的资源集，社会资本具有许多不同的特质。社会资本理论的核心观点认为，关系网络建构了社会行为的一种有价值的资源，这为其成员提供了"集体共享的资本"，并提供其相互认可的"资格证明"，这一资本主要嵌入在网络成员之间的相互了解和认识上。一些学者将社会资本理解为嵌入在关系中的社会资源集合，而其他学者则在更宽广的意义上认为社会资本不仅包含社会关系，还包括与此相关的规范和价值观。因此，从更为开阔的视野上来看，社会资本包含不同方面的社会情境，如社会关系、信任关系、价值体系，它们共同影响了处于该情境下的个体的行动。

帕特南认为，研究社会资本的一个重要出发点在于区分社会资本的维度，这是理解社会资本的性质之所在。也正是在这个意义上，纳哈佩特和戈沙尔构建了社会资本的结构、关系和认知三个维度模型。结构和关系维度的区分是基于格兰诺维特的关系与结构嵌入的区分之上。根据他们的观点，社会资本的结构维度是指社会互动，在一个社会互动结构下，行动者所处的位置为行动者提供了某些优势。人们可以利用自己的个人联系以获取工作、所需信息或特定资源。而关系维度则是指根植在这些关系中的资源（如信任），信任可以作为嵌入关系的治理机制。社会资本的认知维度是指共享的编码或范式，这建构了在一个社会体系之下理解共同目标和推进集体行动的基础。这一维度实际上抓住了科尔曼将社会资本作为"公共品"方面的本质。戈沙尔和莫兰强调认知维度是指成员之间共享的表达、理解和意义系统所蕴含的资源。他们还认为，尽管社会资本表现出不同的形式，但每种形式都体现出两个共同的特征：第一，它们从某些方面建构了社会结构；第二，它们在这个结构之中促成了个人（行动者）的行动。阿德勒等基于经济交换与社会交换的理论框架而区分开社会嵌入的三种现实方式——市场性关系、行政性关系和社会性关系，这使得社会资本的抽象概念更具现实的可观察性和实证研究的可操作性。根据他们的界定，市场性关系是建立在金钱或以物易物基础之上的产品和服务的交易关系，行政性关系是服从于威权下的物质与精神产品交换，而社会性关系是基于社会经济学的礼品交换的联系。

关系作为一种社会行动资源直接影响创业机会的捕获和开发，对此人们有两种不同的观点：一种是将社会网络作为获取创业机会和资源的途径，这接近于社会学结构洞的看法；另一种观点则关注社会网络对创业者个人和组织的知识能力的影响。创业中发现或形成的新的"手段—目的"关系基于与社会网络的互动或建构过程，社会网络帮助新创企业实现资源的整合和交换，从而创造新的价值。

目前，主流创业理论研究主要围绕机会的发现、评价与开发而展开，一定程度上忽略了资源在创业中的核心作用。实际上，资源观认为，新产品、新服务、新材料等的生产，本质上是一个对已有资源新用途进行探索、创造性整合和创造新资源的过程。脱离了对资源的探索、整合与创造，新产品、新服务、新材料等的生产开发便成了"无米之炊"。从某种意义上讲，创业机会的开发过程，实际上是一个资源整合管理的过程。艾尔兰团队和西蒙提出了一个三阶段资源整合管理模型：构建资源组合；通过整合资源来构筑能力、发挥能力；进行价值创造活动。资源整合被定义为企业将现有资源组合绑聚以形成能力的过程，有三种形式：稳定地调整改善现有能力；加入新资源等以丰富深化现有能力；开拓性地整合全新资源，形成创造能力。遗憾的是，这个资源整合管理模型没有考虑到新创企业面临的资源约束和新创弱性等特征，难以抓住创业资源整合的特点。

贝克和奈尔森通过扎根理论研究拓展了拼凑理论，将"创业拼凑"界定为创业者在资源约束下，凑合着整合手头资源以服务于新机会、新目的。创业拼凑包括三个因素：（1）手头资源，指创业者可以低成本获得的、没有进入市场"手段—目的"之中的"无价值"边角料资源。（2）尝试利用，指创业者存在行动偏好——即积极动手利用边角料资源应对问题，而不是浪费时间讨论边角料资源能否解决或能解决哪些问题。行动偏好的典型特征是创业者不断突破市场、制度和文化规范对边角料资源使用范围的限制来带入新的手段，构建新的"手段—目的"关系。（3）重组整合资源并用于新用途，指重新整合资源使其脱离原有的"手段—目的"框架，服务于另一个目的，既可能是已有产品、服务等，也可能是新产品、新服务。

从拼凑的范围来看，创业拼凑可以区分为两种模式：并行拼凑和选择性拼凑。并行拼凑指多个或全部生产项目都依靠资源拼凑，企业重视各种边角料资源（如边角原材料，非职业技能，非市场型关系等），在使用边角料资源时突破规范限制，提供非标准化产品。选择性拼凑模式下企业通常只是间歇性或局部性地拼凑资源，不仅注重突破规范限制来促进资源拼凑，也会注重通过"规范化"来限制资源拼凑。另外，根据拼凑的内容可以将创业拼凑区分为概念拼凑和资源拼凑。列维 - 斯特劳斯提出的概念拼凑原指通过整合旧有神话故事创作新神话故事以服务新功能的观念过程，而创业中的概念拼凑可以理解为创业者整合有关市场、资源、制度规范等的概念以拼凑出新概念促进创业的过程。从创业的角度看，行为上的资源拼凑过程只不过是创业者脑中概念拼凑过程的表现形式。

如果说成熟企业的资源管理强调了市场对整合资源的作用，那么创业拼凑则是对市场及市场资源的一种偏离，深深地根植于社会网络。由此，不少学者提出了网络拼凑和社会拼凑的概念。网络对创业拼凑的作用主要表现在：（1）由于边角料资源、观念无法进入纯粹市场交换，创业社会网络中的非经济交换和混合交换便成了资源获取和处理最重要的途径（另一途径是企业在内部积累边角料资源，但新创企业积累时间短，作用有限）；（2）创业社会网络中的新创企业要突破现有规范就注定在短期内很难深度步入标准市场，此时新创企业主要是先在网络层次（市场网络、行政网络、社会网络）内探索性突破市场、制度、文化规范，并及时接收反馈，获得规范的真实限制边界，调整创业拼凑行为；（3）创业社会网络有助于形成促进创业拼凑的宽容环境，使新创企业获得创业合法拼凑者身份。同时，网络拼凑也包含着新创企业的创业拼凑行为对新创企业网络构建的影响。

创业活动的内在过程及新创企业的成长一直是创业研究的核心问题，近些年来，越来越多的学者认为，创业是不拘泥于当前资源条件限制的机会搜寻、开发和利用过程，在这一过程中企业的资源禀赋及其获得资源的能力是影响新创企业成长的重要因素，而社会网络被认为是企业获得异质性资源的主要途径。社会网络影响着网络中各行动主体获得、转移、吸收和应用知识的能力。社会资本为个体和组织提供了"集体共享的资本"，以及获得信息和机会的"资格证明"，能促进组织智力资本的产生和共享。智力资本被认为是一种重要的资源，获得了管理学者的广泛关注，它包括两方面的内涵：组织中个体所拥有的静态知识和技能；组织所表现出的有效利用知识的智力活动。艾德文森和马隆提出智力资本包括两个维度：人力资本，即企业员工所拥有的、创造的知识；结构资本，即为人力资本发挥作用提供支持的基础设施，它又可以分为组织层面的信息技术、沟通系统的数字信息所创造并储存的知识和顾客资本。在此基础上，里德等扩展了结构资本中顾客资本的概念范围，认为智力资本包含三个基本元素：人力资本、组织资本和社会资本。其中社会资本包含内部和外部两个方面。同时，他们还考虑到三个基本元素之间的相互关系，人力资本对企业绩效的影响依赖于社会资本和组织资本。事实上，智力资本维度的区分和测量都离不开知识和理解能力，即智力资本代表着一个社会群体基于知识和理解的有价值的资源和能力。

　　谢恩和文卡塔拉曼指出，人们之所以能识别不同的机会，是因为创业者有不同的初始知识束，即知识不对称。创始人创业前的知识和经历会影响其创业过程，专家和新手在机会识别行为上存在显著差异，巴伦和恩斯利提出在新产品开发过程中，需要个体利用自己的经验，将看似相互独立的事情或趋势，如技术的进步、市场的转移和政府的政策变化等，整合在一起，并在此基础上识别出新的有意义的模式。只有这样，新的产品和服务才有可能产生。因此，研究对比了专家和新手在机会本质特征评估上的认知表征，结果发现，有经验的创业者的原型更清晰，内容更丰富，更注意将新创企业的建立和运行所需的条件考虑在内。类似的，格鲁勃和汤普森认为，先前的创业经验为创业者提供了可以实施创业的市场机会"选择集"，新创企业可以从这些"选择集"中获利。他们随后的研究进一步证实了该观点。格鲁勃收集了 446 家企业创始人在创业之前的工作经历（行业领域），结果发现创始人工作的行业领域越宽，企业就越能发现关于"产品—市场"路径的更多选择，这说明创始人的人力资本禀赋会影响企业新路径的创造。格鲁勃和汤普森研究了两种类型的教育情况（教育水平和专业化程度）和四种类型的工作经历（技术、营销、管理和创业）在新创高科技企业市场机会识别中的作用，结果表明先前的创业和管理经验会增强市场机会识别的数量，而营销和技术经历对机会识别则有抑制作用。另外，市场机会识别的数量还依赖于创业团队中具有普遍化和专业化教育背景成员的组合情况。

除了初始知识束以外，新创企业还可以通过知识的整合、交换和学习来扩大智力资本的层级和范围。因此，创业研究还关注知识的可转移性和可整合能力对价值创造活动的影响。知识的可转移性指的是，知识产生后几乎不需要再花费任何成本就可以转移至其他个体。通常，外显知识是关于"是什么"的知识，可借由沟通的方式进行转移；而内隐知识是关于"如何做"的知识，它必须透过观察，观察个体如何在实例中运用来进行转移。知识的可整合能力指的是，已存在的知识可以用吸收的方式与新知识融合成一体。由于社会网络可以促进知识在不同网络节点之间的传递，组织可借由个人知识通过知识管理创造出组织知识和管理的竞争优势。另外，由于学习过程往往需要组织投入大量成本，格兰特指出，存于个人的特有知识，只有采用模组化的方式，才能高效地将其整合成组织的知识和能力。

在转型经济国家中，"制度洞"是因系统性不足、程序性缺失、严谨性弱化而导致的。新创企业为了能够顺利经营，除需要努力营造与供应商、客户、合作伙伴、竞争对手之间的市场型关系以外，还需要营造两种类型的关系：一种是血缘、亲缘、地缘等社会型关系；另一种是与政府和中介组织的关系（行政型关系）。这些都能帮助企业在不确定的市场环境中获得资源和市场合法性。

企业在利用、创造和商业化知识方面具有高效率的优势，且企业在知识创造过程方面的效率会影响企业的规模和范围。戈沙尔和莫兰基于社会资本理论给出了"组织优势"的概念。他们认为，组织作为一个制度集合，能够在社会资本的三个维度层面上发展出高水平的社会资本，这便是"组织优势"。其中，他们引入了智力资本的概念。纳哈佩特和戈沙尔将智力资本定义为一个社会群体（如一个组织、智力社区）职业实践中的知识和理解能力。因此，智力资本意味着基于知识和理解的有价值的资源和能力。对智力资本的分析首先基于对不同类型知识的理解，比如现有重要的知识可以划分成实践的知识、基于经验的知识和从经验中抽象提炼出来的理论知识。一个存在争议的点是：知识的层面是个体还是组织？西蒙代表了最为极端的观点，他认为，所有的组织学习都是在人的头脑中发生的，组织学习只存在两种形式——组织成员的学习，或者摄取组织之前没有的新成员的知识。但尼尔森和温特则持有相反的观点，他们认为，持有的技术知识是企业作为一个整体的特征。纳哈佩特和戈沙尔定义的社会资本是基于组织资本而不是个体知识。简言之，智力资本是指一个公司的两种无形资产的经济价值，是组织资本和人力资本的集合。

斯彭德从知识的显性与隐性角度区分出了四种组织智力资本。第一种是个体显性知识，这被斯彭德称为"察觉的知识"，是从个人记忆中储存和取用的事实、概念和模式形式的个体知识。第二种被称为自动的知识，这是个体不同形式的隐性知识，包括理论和实践的知识，以及在艺术、运动或技术方面的技能。个体的显性和隐性知识对于组织的智力资本而言是非常重要的，尤其是专业人员的知识。另外两种组织智力资本是社会显性知识和社会隐性知识，前者代表了共享的知识集合体，被认为是最高形式的知识；后者则嵌入在社会和制度实践之中，存留在集体的隐性知识和行动之中。社会显性知识和社会隐性知识在个体行动者身上可能难以被观察到，但可以在个体行动者互动的过程中被观察到。

事实上，加特纳也曾指出，创业也涉及创业者对创业知识和技能的学习过程。总的来说，创业学习研究起步较晚，但也取得了一些值得关注的成果。在谢恩和文卡塔拉曼提出"知识不对称"的基础上，科比特进一步指出知识的不对称性是由学习引发的，知识是学习的结果，因此除了认知能力和知识不对称之外，学习的不对称性也是创业机会识别和开发过程的影响因素，从而他提出了创业的学习观。科比特认为，学习本质上具有动态性和阶段性，通常是一种社会化过程，而且主要以经验学习为主要形式。波利蒂斯将创业学习过程看作经验学习过程的一种，提出了创业学习过程的概念框架，认为创业者的从业经历通过转化过程（探索和开发）可以转变为创业知识，包括机会识别的知识和解决新创弱性的知识。

体验学习是科尔布提出的，他认为新知识是由经验转变而产生的。个体主要通过经验、反思、思维推理和实验的方法学习，主要涉及四种学习模块：具体知识，反思性观察，抽象化，积极实验。个体通常通过了解和理解获得信息，其中了解指的是对直接经验的感知，而理解指的是通过概念化的解释和象征意义的表征对经验进行再创造。与此同时，经验的转换是通过扩展（通过在现实中积极检验自己的观点和经验学习）和内化（只内在反映经验的不同特征和观点）而完成的。总的来说，如果个体通过理解获得经验而通过扩展转换经验，则会获得聚合的知识；如果个体通过了解获得经验而通过内化转换经验，则会产生发散的知识；如果个体通过理解获得经验而通过内化转换经验，则容易产生同化的知识；如果个体通过了解获得经验而通过扩展转换经验，则会产生适应性知识。科比特提出的基于创造性的机会识别经验学习模型，区分了发现创业机会和形成创业机会两个阶段，认为不同学习模块在个体创业过程中的作用不同，他借用兰普金机会识别的四阶段模型——准备、潜伏、评估和精心策划，认为聚合学习、同化学习、发散学习和适应学习依次在相对应的阶段最为有效。钱德勒和莱昂把创业学习分为初始学习、经验学习、模仿学习、搜寻与顿悟学习、嫁接学习，其中，初始学习是创业前学习，其他四种是创业中学习。初始学习是创业者在正式创业之前进行的学习,通常作为一种资源与其他类型的资源(如网络资源)一起影响创业,一些学者采用受教育程度作为替代变量考虑初始学习对创业活动的影响,但他们的结论存在分歧。如鲍姆等的研究表明,学历为硕士及以上的创业者所创建的企业成长性要好于其他学历创业者创建的企业,然而马弗尔和兰普金采用美国高新技术创业者的样本进行研究,却证实创业者的受教育程度与创业活动没有关系。

社会网络是四种创业中学习方式的重要载体。创业社会网络被认为是一个隐含着知识产生、编码及转换的"学习系统"。如博纳迪等指出企业在与当地政府、利益相关者及政治家的交往中,学习或形成了关于企业所在政治环境的知识。创业者和企业嵌入在包括供应商、顾客、银行、员工甚至家族在内的复杂关系网络中,必须创造学习伙伴关系并从中学习。例如,汉森等以 121 个新产品开发团队为样本,考察社会网络的不同子集对知识共享结果的影响,发现团队内网络和子公司之间的网络对知识共享的三个结果有不同的影响:团队内网络的规模越大,强度越强,团队成员跨单元寻求知识的可能性就越小;子公司之间的网络规模和强度则有相反的结果,子公司之间的竞争会提高搜寻成本;团队和子公司之间进行知识转移依赖于网络中不同联结的强度和竞争性程度,其中团队和子公司之间的竞争越激烈,转移成本就越高,各自的知识共享就越少,而两者之间联结的强度对知识转移成本的影响,则依赖于转移知识的内隐程度,知识的内隐性越强,网络之间知识共享的成本也就越高。

（三）制度环境与社会网络混合视角

效用理论提出个体行动者会基于资源禀赋和外部环境的理性计算来进行战略决策，从而获得创业成长，但这一框架仅限于回答组织是否会做出战略响应，而并不能有效回答组织战略响应将如何影响组织成长的最终结果和组织演化类型。一方面，不同类型战略响应的资源禀赋需求和创业租金回报存在极大的差异；另一方面，效用理论过度强调个体经济收益，忽视了创业者的道德产出。鲍莫尔认为企业家在生产性、非生产性和破坏性经济活动中的选择并非基于个人道德产出，而是基于约束其行为的外部制度环境。对于潜在的创业者而言，选择何种创业类型更取决于道德约束框架下个人效用最大化的理性计算。创业机会作为从模仿到创新的连续统一体，创新型创业机会强调通过打破现有经济系统均衡的新"手段—目的"关系来实现价值创造，强调通过引进新技术与新工艺、开辟新市场、掌握新的原材料供应来源，以及实现新的组织形式；模仿型创业机会则强调通过观察市场中已有的商品服务或商业模式，利用市场信息的不对称性优化供需间的资源配置，本质上是通过对现有"手段—目的"关系的局部优化来创造价值。传统创业二分法的研究由于将创业机会类型等同于创业质量而备受批驳。对于个体行动者而言，选择何种类型的创业活动不仅取决于其资源禀赋是否能有效发现不同类型创业机会，也取决于外部制度要素在多大程度上支持或约束个体根据发现的创业机会展开行动。

制度理论的观点认为制度环境不仅会约束个体行为，也会影响其预期。在制度环境较低的情况下，一方面制度缺失形成的制度真空会涌现出独特的创业机会，另一方面缺乏有效制度保护会降低创业者的长期导向。由此，对于不同资源禀赋的创业者而言，在低制度环境下会衍生出两类不同的创业。

对于低资源禀赋的个体行动者而言，在制度环境较低，缺乏对创业活动提供制度支持的资源和政策时，个体行动者选择进入创业市场主要出于两种动机：其一，通过创业活动来获得生存；其二，个体经验带来了风险和不确定性较低的"复制性"创业机会。对于这一类创业者而言，"复制性"的创业机会并不依赖于制度环境提供的资源支持和专业化的技能需求，创业者只需要在有限的市场结构中提供商业化的产品或服务，例如食品零售、美发沙龙或清洁服务等。个体行动者的低资源禀赋导致其并不能有效地获得市场信息，尽管在复制型的创业过程中个体可能会通过渐进的行动来创造知识和积累资源，但制度缺失往往会导致这一类创业者不仅会面临非正式制度的约束，同时会遭受盘剥。低资源禀赋的创业者并不能通过非正式的谈判应对制度缺失带来的风险，缺乏有效的制度保障降低此类创业者对未来的预期，企业家并不会整合复制型机会所带来的知识和创业资源来扩展新的创业机会，而往往会将创业活动所获得的收益进行消耗，成为食利型创业。加尔布雷斯对乌克兰创业群体的研究发现，制度缺失导致乌克兰创业者转型初期无法建立有效的产权保护制度，金字塔底层创业者缺乏长期的创业导向最终都转变为食利型创业者。

高资源禀赋的创业者则截然相反，个体资源禀赋不仅可以有效应对制度缺失所带来的不确定性，同时也有利于其捕捉到存在于制度真空中的创业机会。制度理论的观点认为在正式制度缺失的情境中，非正式制度往往会成为正式制度的有效替代，相比于正式制度的强制性约束而言，非正式制度的自发性软约束在高资源禀赋群体中愈发松散。对高资源禀赋的创业者而言，一方面其可以利用自身的资源优势来获得市场中的异质性信息，捕捉焦点市场中潜在的、独特的创业机会；另一方面，在创业机会的开发过程中其自身资源禀赋能应对制度缺失所带来的不确定性和风险。这一逻辑假定创业者总是积极的道德产出者，但在制度缺失的情况下事实并非如此。

鲍莫尔认为制度环境是约束企业家行为的重要因素，在缺乏制度约束的情况下，收益最大化会导致企业家在生产性行为、非生产性行为和破坏性行为中自由切换。霍布斯鲍姆进一步指出，人们常常假定私人经济会自动地朝向创新，但实际上并非如此，私人经济唯一的朝向就是利润。在缺乏制度约束的环境下，高资源禀赋的个体行动者在基于效用理论的决策框架下并不会选择高道德产出的创新性创业，其原因在于，制度环境的缺失降低了个体行动者道德行为的成本，同时也导致创新性创业存在更高的风险和不确定性，回报周期更长。而相比之下，高资源禀赋的创业者更可能利用独特的资源优势选择回报高、周期短的套利型创业。

食利型创业和套利型创业的分析都是建立在制度环境不完备的基础之上的，完备的制度环境有利于形成稳定的市场预测，为经济活动的互动提供有价值的信息，促进市场效率的提升和交易成本的下降，进而扩大以市场为主体的资源交换。对于创业者而言，强有力的制度安排加速了市场机制下的资源交换，降低了创业者在资源动员过程中的资源约束，同时也避免了经济政策不确定性所带来的系统性风险。但同时，完备的制度安排会对新创企业合法性要求更高，制度场域的同形压力更大。由此，对于不同资源禀赋的创业者而言，在高制度环境下会涌现出两类不同的创业。

对于低资源禀赋的潜在创业者而言，在高制度环境中自身资源禀赋的差异并不会成为阻碍创业机会开发的关键，成熟的中介组织形成的商品和服务市场为潜在的创业者提供资源和技能的支持。例如，信贷市场中的小额信贷机构可以有效地弥补传统银行体系的不足，为潜在创业者提供信贷资源的支持，降低潜在创业者的融资约束。与此同时，成熟的劳动力市场和技能培训机构能够为潜在创业者在创业机会开发过程中提供与技能匹配的劳动力。完备的制度环境降低了创业机会开发过程中的资源束缚，在充分竞争的市场中潜在创业者对创业机会的开发更依赖于个人的资源禀赋。潜在创业者若能基于独特的人力资本为市场带来全新的技术或商业模式，从而实现"新组合"的产品，或是能够基于独特的社会资本在新技术（新商业模式）的开发过程中应对制度场域的同形压力，提高组织的合法性，那么将具备很大优势。而低资源禀赋的潜在创业者显然不具备这两点。

在高制度环境中，低资源禀赋的潜在创业者最终会进行模仿型创业，其原因如下。首先，充分竞争的市场降低了信息整合的成本，为低资源禀赋的创业者选择模仿型创业提供了可能性。模仿型创业并非取决于创造性知识，而是取决于对既有市场占有者与其他参与者资源和信息的整合。模仿型创业通过观察市场参与者的行为来开发机会，完备的制度环境降低了低资源禀赋的创业者信息整合的成本。其次，完备的制度环境下模仿型创业更可能获得更广泛的资源支持。模仿型创业的竞争优势关键在于市场进入速度和成本优势，丰富的外部资源支持有利于模仿型创业者获得更高的创业租金回报。最后，在完备制度环境中，模仿型创业的风险可预测性和低不确定性决定了收益的可预测性，低资源禀赋的潜在创业者会基于效用逻辑更倾向于选择模仿型创业。由此，对于低资源禀赋的潜在创业者而言，完备的制度环境会导致其充分利用和整合市场资源来提供产品或服务，获得稳定可预测的收益，形成模仿型创业。

完备的制度环境提高了市场信息的有效性，降低了创业活动中的风险和不确定性，但同时也加速出清了市场中潜在创业机会的创业租金回报。对于高资源禀赋的潜在创业者而言，在完备制度环境中其创业成本远高于一般创业者，在效用最大化框架下其选择进入创业市场的动机要么是超额利润回报，要么是自身企业家精神的驱动。对于前一类创业动机而言，完备制度环境下的充分竞争市场中，超额利润回报的创业机会往往并不存在，只存在依赖创业者基于对市场的判断及其利用独特的经验或知识创造出来的机会。例如，登克尔等对德国高新技术新创企业的研究发现，这一类创业机会往往依赖于创业者的高人力资本或专业性技能，先前市场中的企业并不提供类似的服务或产品。但对于这一类区别于已有市场的创业机会，其在开发过程中会面临完备制度环境带来的制度同形压力和合法性危机。高资源禀赋的潜在创业者不仅可以利用独特的资源禀赋来创造区别于市场的创业机会，还可以在开发这一类创业机会过程中利用其自身的资源禀赋获得合法性和应对制度同形压力。战略选择理论、最优区分理论与资源依赖理论对于组织如何应对制度化过程的核心要义是独立于制度场域之外的资源来源。高资源禀赋的创业者往往通过其资源优势为创业活动带来多主体的资源来源，从而有效地在创业机会开发的创新性与合法性中寻求平衡，最大化地实现创业活动的价值。对于后一类创业动机而言，尽管鲍莫尔认为企业家精神的配置并非总是朝向生产性的，但在完备制度环境的约束下，企业家精神驱动的创业者往往致力于通过创业活动来优化市场资源配置。对于这两类动机的潜在创业者而言，其创业机会创造性地提供全新的商品或服务，将面临高度的不确定性和风险。高资源禀赋的潜在创业者承担高机会成本选择的创业活动，创业活动的回报已经超越了一般性的创业租金回报，他们更多的是致力于实现社会整体福利的帕累托最优，形成高质量创业，进一步促进企业成长。

企业理论先行者的研究极大地丰富了对企业家角色的关注，尽管制度理论和社会网络理论作为后续转型经济对企业成长研究的主导理论范式，都强调外部制度环境和企业内部资源能力对企业绩效有至关重要的影响，但这两类理论观点的核心都再次重申企业家能力在这一过程中的重要性。在制度基础理论的研究范式中，企业家能力被视为适应、利用、应对和突破制度压力并获得企业长期成长优势的主体；在社会网络理论的研究范式中，企业家扮演了构建和维护社会网络，并低成本地动用网络资源来实现企业目标的关键角色。在后续战略领导力的进一步研究中，企业家能力被视为决定企业成败的关键，由此，关注并深入地挖掘领导力对企业绩效的影响变得尤为重要。

第三章

格局是什么

一、格局的内涵

讨论领导力对企业绩效的影响，自然会联系到企业家的格局。但，什么是格局？研究这个问题，必须溯本求源。

"格局"一词在古代已广泛应用，常见于命理学中。古代算命先生常用"格局"来描述"生辰八字"。在古代，八字格局的高低被认为能深刻影响一个人的性格、事业、婚姻、学业乃至整个人生轨迹。到了现代，人们已经不再迷信"生辰八字"，但是依旧会用"格局"这个词来衡量一个人的心胸、眼界、胆量、智慧、使命感、见识等。"格局"这个概念，其根深扎于中国历史文化的土壤中，就像是一面镜子，反映了不同历史时期和文化背景下人们的思想和观念。

如今，第7版《现代汉语词典》对"格局"的解释为结构和格式，《辞海》对"格局"的解释为规格式样或结构。

而笔者认为，"格局"有多层含义：第一层是"预测与规划"，即安排和计划事情，让事情按照预定的节奏和方向发展；第二层是"结构和格式"，即像一个框架一样，规定了事物的基本形态；第三层是"心境与态度"，即一个人所处的位置和状态，以及看待事物、处理事情的方式和态度。

"格局"其实也可以看作是一个人的世界观。一个对世界有深远认识的人，通常能够看清事物本质，做事也更有章法。同时，一个人的胸怀、智慧等因素也会影响他的格局。所以，要想有一个大的格局，就要不断学习和提升自己。

每个人都可以通过提升自己的内在素质来扩大自己的格局，从而更好地认识世界、理解人生。

二、格局的特征

格局，体现的是我们眼界的广度，思维的深度，目标的高度。它决定了我们看待问题的角度，决定了我们与人相处的温度，决定了我们生活工作的态度，更决定了我们事业的高度。

拥有大格局的人，如同站在山顶，能够远眺千山万水，将风景尽收眼底。他们不会因为环境的恶劣而失去自信，更不会因为能力的不足而自暴自弃。他们拥有乐观的性格、开阔的心胸、广角的视野，能够包容世态的炎凉、人情的冷暖，能够直面社会的多元、复杂，从容应对。面对人生的逆境和生活的低谷，他们不会怨天尤人，不会消极颓废，只会在逆境中寻找崛起的机会。

总之，大格局能够让人站在高处眺望远方，能够透过现象看本质，能够抽丝剥茧并洞察全局。相反，小格局的人往往因为生活的一点儿不如意就怨天尤人，因为一点儿挫折就一筹莫展，因为仨瓜俩枣的是是非非就情绪崩溃。小格局的人，以自我为中心，看待问题时，常常无法洞察全局，虽然辛苦、勤劳，但大多碌碌无为，终其一生，都困在思维的井底，留下抱怨和愤懑。

因此，欲成大事业，就必先放大自己的格局，以大视角切入人生，力求站得更高、看得更远、走得更远。

三、格局不同，人生不同

（一）案例1：缚住腿脚的不是绳子

2010年夏天，经朋友介绍，我拜访了北方海滨之城的一位商界老人——敬爷，那时他72岁，精神矍铄，思维敏捷，和蔼可亲。

敬爷曾是一家国有机械厂的厂长。在计划经济向市场经济转换的过程中，这家国有机械厂因设备陈旧、机制僵化，亏损严重。在国有企业改革试点中，敬爷把这家破旧的机械厂接了下来。土地、厂房、设备、员工，全接。当时接手的唯一条件，是五年内不可以解聘任何一个员工。

为了生存下去，敬爷带着一帮老员工想了很多办法，付出了不少心血，但是，由于设备陈旧，产品质量上不去，折腾了几年，还是没打开市场，企业经营更加艰难了。

转机出现在 20 世纪 90 年代。苏联解体后，其军方的很多设备被当成破铜烂铁要处理掉。敬爷当机立断、毅然决然，以工厂与私宅为抵押贷了一笔钱，带着钱远赴俄罗斯、乌克兰。不久，他将一批批七成新的先进设备搬了回来，工厂一夜之间鸟枪换炮。半年后，工厂高标准、高精度的产品投放市场，竞争对手望尘莫及，企业的营收更是实现了从千万到数亿的飞跃。

漫步于占地二百余亩的厂区，我感慨万千。在与敬爷的交流过程，我了解到了以下信息。

第一，他全面接管这个厂后，迄今没有裁过一个员工，也没有一个员工辞职，离开的员工都是正常退休。

第二，目前企业营收近 10 亿，利润 1 个多亿，而且订单充足。

第三，公司没有一个高管，只有一个老总，就是他本人。整个公司都是他直管。采购、生产、销售、行政、人事都向他汇报，听他指挥调度。但是，现在规模大了，他感觉不像从前那么好管了，特别是大的客户要求供应商有认证资格，还要搞信息化。这方面敬爷不懂，员工素质也跟不上。

第四，作为镇上最好的企业，政府各部门都希望这家企业能引入新的人才，改变治理结构，成为一家上市公司。在政府的引荐下，证券公司、会计师、律师来过很多批，但敬爷之前都不愿意让公司上市。

第五，如今敬爷改变了主意，他对我很信任，希望我能来帮他，全面负责公司上市工作。

他的条件是：薪酬由我定，我说多少他认多少；股份按净资产估值，我说多少，他认多少；我可以做公司总经理，但不直接参与公司的经营管理。

我听后觉得既感动，又好笑。他给的待遇很好，但是，如果不参与经营管理，不对企业进行脱胎换骨的改造，怎么能满足上市的要求呢？通过进一步深入了解，我才明白敬爷为什么会提出这样的条件。

敬爷有三个孩子，老大是儿子，老二、老三是女儿。老大曾在公司管销售，嗜酒如命，五年前猝死，敬爷白发人送黑发人，悲痛不已。所幸老大有一子，那年刚 10 岁。敬爷对小孙子宠爱有加，视为心中的小太阳。对敬爷来说，家族的延续、"香火"的传承都应该坚守父传子、子传孙的血脉相连模式，他这种观念根深蒂固，溶于骨髓之中。正常情况下，他的企业可以放心地交给儿子，但儿子的意外早逝，打乱了他的传承节奏。他必须面对隔代传承的难题：自己已经 72 岁，孙子才 10 岁。

敬爷告诉我，他目前所做的一切，包括企业的管理方式、用人方式，以及自己的生活方式，都围绕一个终极目标——把企业交到孙子手上。他不信任女儿、女婿、儿媳，怕他们管理企业后不把企业给孙子。特别有能力的人，他也不敢用，怕控制不住。因此企业人才青黄不接，员工普遍年龄大、学历低。

而且，如果想熬到让孙子接班，他仍需十年以上的时间。为了"传承"的计划，他戒了烟，戒了酒，不参加应酬，每天晚上 9 点准时睡觉，早上 5 点起床，打 1 小时太极，生活极度自律。但是，岁月不饶人，年过七十，敬爷感觉身体大不如从前，他担心自己撑不了十年。而且他也意识到，企业当时利润高，完全是依赖设备的优势，但现在，同行都在产业升级、更新设备，开始迈向自动化、智能化、信息化，自己面对这些改变，早已力不从心。

忧虑纠结、冥思苦想之后，他决定让企业上市。

敬爷认为：企业成为一家上市公司，经营管理更有保障，"传承"的计划会更安全稳妥。于是，他想寻找一个信任的、可以帮助企业上市的人。

面对这个背景如此特殊、背负着隔代"传承"任务的老人，我感到极度不安，甚至有些心酸。敬爷企业当时的基本面，完全能达到上市的要求。但是，他的心胸和眼界，不足以支撑企业上市。

我尽量以通俗的语言介绍了上市公司的三会制度（股东会、董事会、监事会），独立董事制度，董监高的配置和要求，财务规范化、信息化……我尽己所能，一点一点地给他讲解与上市规则和要求相关的知识。他认真听着，努力地思考着。我们整整聊了一天，晚上道别时，老人家显得迷茫、困惑且疲惫。

第二天，敬爷对我前一天的介绍和讲解给予了回复。他说了以下几点：

第一，他自己的公司为什么要请独立董事、薪酬和审计，还归他们管，凭什么？他连自己的女儿、女婿都不让他们参与，更何况外人。

第二，企业的财务都是手工做账，每一分钱、每一张单他都要审核、签字，搞了信息化，他该怎么控制？而且是不是容易被别人坑？

第三，上市要请证券商、律师、会计师，还要搞证券部、审计部，还要有董秘、财务总监，要花的钱太多了。

最后，他总结道："我想了又想，一夜没睡，但彻底想透了一个问题——我的企业绝不再讨论上市的话题。我还是以自己的方式去管好厂子。"

分别时，握着敬爷满是老茧的双手，我的内心充满了对老人的敬意，但也感到万般无奈：一念之差，他的企业与资本市场失之交臂。但，这一念的背后是人的认知和格局。每一个人的世界有多大，是认知决定的；每一个人的未来会如何，是格局决定的。

我们分别两年后，敬爷的企业经营每况愈下。第五年，企业被同行以低价并购。第六年，敬爷带着遗憾而去，享年 78 岁。那时，他的孙子才 16 岁。

（二）案例 2：走不出自己的世界，始终在原地

某科技公司的创始人华哥曾是研究所的工程师，2008 年下海创业。华哥对技术研究太过痴迷，有了自己的工厂后，干脆以厂为家，吃住都在厂里。

正因为如此，该公司的产品投放市场，立即得到了客户的高度认可，两年时间便销量过亿，利润有两千多万。可没过多久，仿造产品出现了，

竞争对手以低价来抢市场。而华哥是一个技术控,不适应激烈的市场竞争,公司产品滞销,资金周转困难。

一个偶然的机会,我与华哥相识。华哥谦虚地说:"我是搞技术的,经营管理一点儿都不懂。希望您帮帮我,也希望您能成为公司股东,和我一起把公司做大做强。"后来我把自己的朋友徐先生介绍给了他。徐先生是做销售的,他俩一见如故,一拍即合。徐先生成了华哥公司的小股东,分管市场和销售。只用了三个月的时间,公司的订单便多了起来,而过了半年,生产已经忙不过来了。华哥十分高兴,打电话给我,一是表示感谢,二是希望我加盟公司,成为股东,一起努力,把公司做上市。我回复华哥:"如果公司能做到营收4个亿,利润5000万,我就入股。"华哥信心满满地对我说:"一言为定,保证一年达到这两个目标。"半年以后,徐先生打电话和我说:"对不起,我决定离开公司。"

我非常吃惊:"你们不是合作得很好吗?怎么风云突变?"徐先生说:"华哥心胸狭窄,完全不讲诚信。我们把业绩干上去了,销售、利润都增长了60%,可团队的提成和奖金一分也没兑现。公司还找出很多千奇百怪的理由扣销售人员的奖金,比如全勤奖。我们的销售多数时间都在跑客户,可他竟然说,没到公司上班自然没有全勤奖。他妹妹管财务,我们报个招待费,还要求我们填写明细——和什么人吃饭、点了什么菜、喝了什么酒、抽了什么烟……一句话,我们实在待不下去了。今天已经交了辞职报告。"

这边电话刚打完,那边华哥的电话就打过来了。他说:"徐先生的能力很强,业务上手很快,但您知道,我们的财务不规范,账一时没算清楚，业务提成没及时发，他突然就提出辞职了。"华哥告诉我，他已订了明天的机票，飞过来和我当面细聊。

第二天中午，我请华哥在珠江边上一个非常幽静的茶馆喝茶。我的目的有两个：一是对朋友负责，搞清楚他们矛盾背后的深层原因；二是研究、评估一下这个技术型的创业者能做多大，能走多远。

华哥喝了几杯茶，话匣子便打开了。他是一个来自边远山区的孩子，靠勤奋读书考上了大学，毕业后在国企上班，后来去了研究所工作。下海创业之初，靠技术的差异化，他在市场上有了一席之地。但同行的跟进速度太快了，仿造的产品在质量上几乎没有差异，而且成本更低。在经营面临危机困境的时候，徐先生带领团队帮他扭转了局面。

华哥是学工科的，思路清晰，逻辑严密，并且非常坦诚。他说："徐先生和他的团队让公司走出了困境。可是我自己却陷入了窘境。第一，按照约定，利润增长的20%应给销售团队，算下来有400多万，可我作为公司的创始人、大股东，我每月的工资才3万左右，我个人存款不到100万，我说服不了我自己。第二，我是公司董事长、总经理，徐先生是营销副总，可现在除了研发，什么都是他说了算。他不在公司，我开个会都召集不了人，会开了也决定不了事，大家都说这事要问一下徐总。现在公司业绩起来了，但是我一点儿也不开心，没有一点儿成就感。公司上上下下都说，咱徐总厉害。之前公司业绩下降时，我感到有危机。而现在，我不仅感到有危机，还感到恐惧。因为，照此干下去，不用两年，公司不姓华，而姓徐了。"

当一轮明月斜挂天边时，我和华哥的谈话结束了。站在茶室窗边，我触景生情：江心月是天上月，而眼前人非意中人啊。华哥是一个技术研究型人才，但他绝对不适合创业，更没有企业家的胸襟。他不懂经营、不懂管理、不懂人性，把个人的名、利、权看得太重，缺乏战略眼光，缺乏延迟满足的耐心，缺乏诚信意识和契约精神。徐先生和他有矛盾是必然的：两人的认知不在一个层面，沟通很艰难。老总没有格局，员工必然感到憋屈甚至窒息。面对经营困局，华哥把徐先生视为救命稻草，什么条件都答应，什么承诺都应允，而徐先生是职业化的经理人，以自己的专业能力解困救危，应该按照约定分享应得的利益。但是没想到华哥过河拆桥，不愿兑现承诺，矛盾便爆发了。来龙去脉一梳理，我预感华哥与徐先生之间的"分手饭"定会难以下咽。分别时，我劝华哥："山不转水转，朋友之间好聚好散，已经承诺了的业绩分成，一定按合同办。"华哥信誓旦旦地对我说："放心，一定按协议兑现承诺！"

后来，华哥与徐先生的纠纷持续了好几年。为了减少业务分成，华哥在财务账目处理上做了很多违法违规的事。两人彻底撕破脸，官司从民事打到刑事，企业从几千万的利润，折腾到亏损。公司欠了银行和供应商很多钱。2018 年，华哥以旅游的名义出国，再也联系不到了……

（三）案例 3：格局决定结局

2024 年 6 月 15 日，美的集团发布董事会换届选举公告，美的集团创始人何享健之子何剑锋将不再担任美的集团董事。

这本应是一个重大新闻，但一向低调的美的集团和何氏家族并未过分宣扬。

美的集团 2023 年实现营业收入约 3720 亿元，净利润约 337 亿元。一家规模如此大的公司，实控人、创始人何享健的家族竟无一人担任董监高职务。企业的经营管理权完全交给职业经理人——这是迄今为止，中国千亿级民营企业绝无仅有的先例。

一个由 20 多个村民凑钱开办的塑料瓶盖小作坊，成长为一个科技型的、国际化的大企业，我们或许从中可以总结出一百个成功的经验、一千个做大的理由，然而笔者认为，美的成功的核心要素是创始人何享健的格局——超于常人的大格局。

何享健，广东顺德人。1968 年 5 月，他和 23 位村民集资 5000 元，创办了"北街办塑料生产组"，生产玻璃瓶的塑料盖，后来又转产发电机的小配件。创业伊始，何享健背着这些小玩意儿走南闯北，寻找买家，踏过了千山万水，拜访了千家万户。推销的过程，就是市场调查的过程。何享健以敏锐的嗅觉发现了市场的需求和发展的机会。1980 年，他说服其他股东，开始仿造电风扇。由于没有技术、缺乏人才，他又说服股东们，以高薪去大学和国企聘请"星期六工程师"。折腾一通，瓶盖厂真生产出了电风扇。在那个产品稀缺的年代，美的电风扇成了畅销品，何享健阴差阳错闯进了未来几十年高速发展的家电行业。

20 世纪 90 年代的政策红利，让众多民营企业野蛮生长、高速发展，而何享健毅然决然开始规范经营，积极主动推动美的股份制改造。企业的营运成本一下就上去了，要知道，成本吃掉的可是利润呀。股东们不理解，周围的人也等着看笑话。何享健却说，美的要走自己的路，自身要去突破、去改变。他虽然不懂股份制改革，但他有关注，有研究，有听专家的意见。他们超前进行了产权改革。1992年，他们完成了股份制改造，美的成了全国乡镇企业、集体企业的第一家股份有限公司。

何享健的战略眼光和大格局，让美的抓住了时代的机会：1993年，美的在深圳证券交易所挂牌上市，成为中国第一家由乡镇企业改组而成的A股上市公司。

跨进资本市场，成为一家公众公司，三会制度、信息披露制度、规范经营的各种制度，以及投资者对企业发展和业绩的关注等，让何享健开始深入思考美的公司的长期发展战略、经营思路和管理模式。

20世纪90年代中期，家电生产企业迅速增多，暴增的产能扭转了市场供不应求的局面，各厂家为了扩大市场占有率，掀起了价格大战。面对激烈的竞争，美的内部弥漫着焦虑和纠结的情绪：不参与价格战将失去市场，而参与价格战将失去利润。何享健经过深思熟虑，提出要走出国门，面向国际市场。虽然这一决策在战略上棋高一着，但实施起来难度很大。为了提高生产效率、提升产品质量，保证出口产品准时交付，何享健开始对供应链体系实施信息化改造。当时供应链的核心负责人都是他同村的兄弟，一直跟着他一起打拼，忠诚度非常高。而且，这些兄弟们把控着企业各个重要岗位，但他们学历低、年龄大、学习能力差，工作都是凭经验，所以效率也低、差错也多，有时候态度还不好。有时招来新人，没几天就被骂走了。

问题很严重，也很棘手。一天，何享健把兄弟们请到家里，摆上好酒好菜。饭桌旁边放着几台电脑。吃饭前他指着电脑，问道："有会的吗？"大家说："哪会用这个？！"

他端起酒杯，深情而严肃地说道："为了企业的发展，我们必须放下。明天全部让出位子。"就这样，和风细雨中，他们把企业发展的机会和重任交给了有专业能力的年轻人。

1996年，美的已从生产电风扇一个产品，发展为生产空调、电机、电饭煲等多个产品，企业已从工厂制变为集团管理模式，销售收入已从4亿增长到近30亿。然而，何享健从40%的复合增长中洞察到企业发展的重大危机：产品增多、规模扩大、人员暴增，管理层级越来越多，组织效率越来越低，他自己有开不完的会、签不完的字、救不完的火，各种问题和矛盾层出不穷。更为严重的是，净利润从20%，降到了3.8%。

同时，另一个令美的难以接受的残酷现实摆在了眼前。顺德政府计划打造"家电航空母舰"，建议由科龙并购美的，因为科龙当时规模、业绩都优于美的。

在企业生死存亡的十字路口，何享健开始了深刻的自我剖析，他认为美的存在的种种问题，根源都在他自己身上。他觉得自己格局太小，导致权力过度集中，没有充分激发广大员工的积极性。他认为必须要在管理模式和经营机制上进行彻底的改革。他研究了日本企业的理念，学习了西方的经营哲学，结合中国的国情，提出事业部制是最适合美的的管理模式。

1997年，美的开始全面推行事业部制，充分彻底地放权、授权：各事业部拥有研发、采购、生产、销售、机构设置、干部任免等自主权，集团只管预算、投资、考核、监督。

美的通过分权手册，界定了集团与事业部的职责、权限和利益；通过业绩承诺书，构建了股东与职业经理人的委托经营管理契约关系。

事业部制的全面推进，激发了组织的巨大动力，激发了干部和员工的无限潜力，美的从低谷中崛起，销售收入从 1997 年的 28 亿，增长到 2000 年的 100 亿、2005 年的 500 亿，并在 2010 年超过了 1000 亿。

美的成为千亿级别的公司后，何享健以超出常人的战略眼光和宽阔心胸，做出了一个令人瞠目结舌的决定：美的去家族化（他的儿子何剑锋本身很优秀，完全具备接班能力），成为一家完全由职业经理人经营管理的企业。2012 年 8 月 25 日，何享健打破了"子承父业"的传承模式，将自己一手创立的千亿级企业交给了职业经理人方洪波。方洪波担任美的集团董事长，何享健彻底退出美的集团的经营管理。

方洪波带领职业化的团队，将美的铸造成一个国际化的科技集团。2024 年，美的集团销售收入近 4000 亿，市值近 5000 亿。

何享健从一个普普通通的顺德商人，成长为中国商业史上的一个传奇，原因有二：一是遇上了一个伟大的时代；二是在经营管理的实践中，不断提升自己的认知和格局。

第四章

企业家格局的扎根研究

　　本书以企业家格局为研究的主题，这一研究主题属于较为新颖的前沿话题，并没有成熟的理论框架可供借鉴参考，加之本书主要探讨"企业家格局是什么"的问题，因而选取具有代表性的企业家作为样本进行案例分析与理论探索。此外，相较于量化研究，案例研究能够通过对样本案例翔实的文本资料进行系统分析与理解，从而将研究样本主体的行为哲学与活动凝练得更具有深度，以便获取更为全面与完整的观点。同时，多案例研究能够帮助我们在选定的样本企业家个人背景不同、成长经历不同等条件下，建立起更具有普遍性的条目，使得我们能够更加清晰地理解企业家格局的内涵，因此本书采取多案例的研究方法。

　　多案例研究分析一般有三种分析方法：第一，案例分类，目的是发掘案例群内相似或组间差异；第二，案例配对，列出案例相应具有的特性；第三，案例比较，将所有案例所包含的特征排列比较，决定哪些条目是研究重点。本书选取第三种多案例研究分析方法，基于扎根理论研究方法对文本资料进行编码分析，并运用归纳分析法，逐渐将概念自下而上螺旋式地提升至抽象层面，并提炼出各个概念之间的相互关系，进而建立起一个企业家格局理论。

一、研究目的

近年来，随着新型基建、新能源、电动汽车的迅猛崛起，数字经济、AI 技术、新质生产力已成为驱动经济发展的关键动力。在这一过程中，商业环境日趋复杂，不确定性不断增加，然而中国企业却在新经济形态中展现出了惊人的适应性和前瞻性。中国企业不仅成功把握住了新能源、电动汽车和数字经济带来的机遇，还巧妙地规避了新经济业态带来的挑战，这一成就令一些发达国家都为之赞叹。

中国企业家的领导力特质及其在新经济浪潮中的卓越表现也引人注目。他们是如何带领企业在不确定性中取得优异绩效，以及中国企业是如何在国际竞争中保持持续优势的，这些都是值得深入探讨的问题。

企业家格局，作为一个核心概念，它涵盖了企业家的胸怀、思想高度，以及与创新、协调和提升绩效相关的个人特质和性格要素。虽然已有的研究广泛探讨了领导力与组织行为、团队和谐、冲突治理等微观因素之间的关系，但对领导力如何影响企业在不确定性环境中的绩效，仍然缺乏深入的研究。这也导致我们难以全面理解中国企业在数字化浪潮中的管理优势。

因此，我们的研究围绕企业家格局展开深入探讨，旨在揭示其内涵、特征及构成要素。我们通过对11位典型企业家的案例进行扎根理论分析，尝试构建一个全面而深入的企业家格局理论模型。这一研究不仅具有重要的理论价值，还能为实践中的企业管理提供有益的指导。

二、研究方法

（一）案例选取

1. 案例选取的典型性

我们的研究旨在构建企业家格局的概念，因而采用典型个案选择样本的方式，以更好地呈现出企业家格局中的关键因素。企业家样本的筛选必须同时符合以下条件：

（1）个案企业家必须是成功的企业家，由其创建的企业必须具有一定的经营规模，同时该企业在其主要经营行业领域内具有一定地位与声望；

（2）个案企业家的研究文本资料较为充足，可以基本梳理出个案企业家创业与经营活动过程中的关键决策行为，这是因为企业家格局渗透于企业家本人创业与日常经营管理的活动之中；

（3）个案企业家应为具备不同个人背景、成长经历的优秀企业家，以满足多样本案例的逻辑复制，兼顾个案企业家之间的差异性。

依据以上条件，我们最终选定了 11 位改革开放以来的本土企业家作为案例，他们分别是：美的创始人何享健，华为创始人任正非，腾讯创始人马化腾，小米创始人雷军，吉利创始人李书福，比亚迪创始人王传福，莱尔科技创始人伍仲乾，步步高创始人段永平，奥克化学创始人朱建民，原天原集团董事长罗云，日丰电缆创始人冯就景。

这 11 位企业家都在企业经营管理方面取得了一定成就，企业家所经营的代表性公司都是由他们一手创立或重点经营。各位企业家所经营的代表性企业均坚守自己的企业使命及愿景，在其所属领域取得了突出的成就，原因是企业的创立者或核心领导人将他们自己内在的思想积极地倾注于企业的核心组织文化当中，并且具体体现在企业的各项战略决策当中。可以说企业家是企业的核心和灵魂，企业家与其创立的公司处于持续不断地融合发展、相互促进的状态之中。而且，这 11 位企业家各自的个人背景与成长经历差异巨大，创业之初的资源、技术、经验等条件储备各不相同，因而有利于我们从中构建、验证与完善企业家格局的理论框架。

2. 案例数据的完整性

选取案例时，研究者要确保可以对企业家或其核心创业团队进行访谈，并且保证访谈对象愿意提供企业及创业团队相关资料，使自己在研究过程中能够获取丰富的原始资料进行验证与饱和度检验。我们的研究团队能够对奥克化学创始人朱建民及其高管团队、日丰电缆创始人冯就景的高管团队进行深度访谈，获取翔实丰富的一手资料。同时，我们选取的 11 家样本企业在社会或行业内部都具有较高的知名度，研究团队可以获取充足的二手数据以满足资料的可信度与完整性。

（二）数据收集

我们研究的一手数据主要通过对企业家本人及其核心高管团队进行深度访谈获取。研究团队分两个时间段分别访谈成功企业家或与其关系紧密的创业核心高管。研究团队成员在进行深度访谈之前，结合相关文献资料列出半结构化访谈的提纲，确定对企业家访谈的目的与访谈流程，确保与企业家及高管团队在访谈过程中紧密围绕"企业家格局"这一研究主题展开。此外，每次深度访谈研究团队都会组建由 3 ～ 4 名研究成员组成的访谈团队，明确一名成员为主问，一名成员进行补充提问，剩余成员进行访谈录音及现场文本记录工作。访谈结束后，研究人员及时整理录音资料，与访谈团队成员进行讨论，对模糊信息进行记录，在后期追访中进行确认与完善。研究团队严格遵循上述访谈流程，分别对两个案例企业家进行了深度访谈。

我们研究的二手数据主要通过搜索公开资料和文献等途径获取。具体而言，公开资料包括 11 位企业家的自传、媒体相关报道、公司官网简介，以及论文资料库数据。

（三）译码策略

本书严格遵循科宾和斯塔斯（Corbin & Stauss，2009）的扎根理论译码策略程序，对企业家格局的相关范畴进行归纳，并对研究主题进行理论模型构建，确保研究的信度和理论模型的效度（Glaser & Strauss，2009）。

三、单案例分析

在数据分析过程中，我们遵循多案例研究方法。我们先选取我们最为熟悉或是资料最具可靠性的案例进行单案例分析，并在此基础上进一步确定资料收集与分析的范围和关键点，进而有重点地对后续的案例进行资料收集与分析，最终对研究结构进行迭代修订与发展，达到理论饱和。由此可见，起点案例的选取在整个研究过程中发挥着关键作用。我们的研究选取任正非的资料作为分析起点，在单案例分析基础上，对其余 10 名企业家也逐个进行详细的译码分析。

（一）开放性译码

开放性译码是指对收集到的原始资料进行分解、对比、归纳和整合的过程，最终要实现原始资料的概念化和范畴化。我们在编码之前要将收集到的原始资料打散，以免在译码过程中受偏见等影响，然后开始开放性译码。

　　结合本书主题，研究团队对任正非数据资料进行了开放性译码（如表 4-1 所示）：第一步，贴标签，标记原始资料中可能表达企业家精神或者企业家格局的相关词语、语句，并在后面标注"ax"以指代这句话；第二步，"概念化"，对"贴标签"一栏的内容进行重新组合、提炼归纳，之后以"Ay"这一概念指代那些核心性质相似的标签；第三步，"范畴化"，将看似与同一现象有关的概念聚拢成范畴（林本炫，2004）。研究人员通过对文本资料进行开放性译码，最终得到描述任正非的、和企业家格局有关的 88 个标签，61 个概念及 27 个副范畴。

表 4-1　任正非资料开放性译码汇总

范畴化	概念化	贴标签	单案例：任正非的资料（证据援引）
AA1 求知 若渴	A1 学习 意愿	a1 愿意学习	（a1）但是，与任正非共事过的人却往往发现，任正非实际上是一位非常愿意学习的人。
		a2 鼓励员工 学习对手	（a2）任正非鼓励华为的员工向世界"强敌"学习，与他们面对面竞争，并允许失败。
	A2 虚心 请教	a3 与高校合作 学习	（a3）我想到的是应该立即推出第二款、第三款产品，但华为当时却没有更多的技术力量，于是我广泛邀请教授带着学生到华为参观、访问，寻求技术合作的可能性。

（续表）

范畴化	概念化	贴标签	单案例：任正非的资料（证据援引）
AA2 坚持 不懈	A3 持之 以恒	a4 持之以恒 发展队伍	（a4）我们只有持之以恒地围绕自律与诚信、责任意识、使命感对各级骨干提出严格要求，才能造就出一支支持公司事业长期发展的队伍，迎接公司灿烂的明天。
		a5 坚持刻苦 学习	（a5）由于坚持刻苦学习，任正非在部队中展现出了良好的科技素养。
	A4 坚定 信念	a6 坚定信念 奋斗	（a6）"拒绝机会主义"是任正非的信条，凭着这个信念，他带领华为依靠实力和坚韧不拔的精神，在海外市场上扎实奋斗。
		a7 坚定自主 研发信念	（a7）在任正非看来，这样永远没有出头之日，他不想走这条路。他坚定自己的信念，立志要为企业的发展找出一条生路。
AA3 集思 广益	A5 群策 群力	a8 群策群力	（a8）在 1988 年，华为某个产品进入生死关头，整个系统运作稳定性极差。他们通过重新调整产品线，集中所有精英到宁夏处理难题，圆满地完成了任务，解决了困难。
		a9 集体奋斗	（a9）任正非要求员工：要互相合作，避免单兵作战，避免个人英雄主义，要在集体奋斗中实现自己的价值。
		a10 听取他人 意见	（a10）要积极听取客户、同事的意见。华为一直要求研发部门，要在平时的工作中努力把自己的研发方向和客户的实际需要结合起来。
		a11 采纳外部 顾问建议	（a11）通过专家评测，华为重整供应链，设计和建立以客户为中心、成本最低的集成供应链，为成为世界级企业打下良好的基础。
	A6 交际 广泛	a12 众多合作 伙伴	（a12）截至 2005 年，华为已经先后与德州仪器、IBM、摩托罗拉、朗讯、英特尔、SUN 等公司展开了合作。

范畴化	概念化	贴标签	单案例：任正非的资料（证据援引）
AA4 博闻强识	A7 博学多闻	a13 知识渊博	（a13）他把樊映川的《高等数学习题集》从头到尾做了两遍，学习了逻辑、哲学，还自学了三门外语。
		a14 很强的学习能力	（a14）任正非具有很强的学习和纠错能力。
	A8 融会贯通	a15 融会贯通国际化管理运作体系	（a15）华为在引进国际化管理运作体系时提出的改革要求是：先僵化接受，再优化改良，最后固化运用。
		a16 实践中重塑理念	（a16）只有认真地自我批判，才能在实践中不断吸收先进经验。
AA5 远大抱负	A9 远大志向	a17 志向高远	（a17）倘若只满足于生产普通的通信产品，那么华为永远会被人牵着鼻子走，永远也不会实现"中华有为"的大目标。
	A10 宏伟目标	a18 立足自主研发	（a18）任正非一开始就给华为定下了明确目标：紧跟世界先进技术，立足于自己的科技研发，扎根中国市场，开拓海外市场，与国外同行抗衡。
AA6 追求卓越	A11 精益求精	a19 追求顶尖卓越的技术	（a19）我们要从技术驱动转变为市场驱动，强调以新的技术手段满足客户的需求；要瞄准世界顶尖技术，建立一流的研发团队。
		a20 自主研发出类拔萃	（a20）在自主研发上的出类拔萃，使华为在通信领域激烈的市场竞争中获得了成功，并且得到了高速的发展。
	A12 超越自我	a21 勇于超越自我、敢于自我批判	（a21）要活下去，就只有超越，要超越，首先必须超越自我；超越的必要条件，是及时去除一切错误；去除一切错误，首先就要敢于自我批判。
		a22 自我否定蜕变成长	（a22）管理者只有不断地学习和自我否定，才能获得成长，像蛇蜕皮一样，每蜕一次皮，就获得一次成长，尽管这个蜕皮的过程很痛苦，甚至很危险。

范畴化	概念化	贴标签	单案例：任正非的资料（证据援引）
AA7 百折 不挠	A13 矢 志不渝	a23 永不言弃	（a23）华为没有因为自主研发 JK1000 的惨痛损失而止步不前。在最艰难的时刻，华为没有放弃对产品技术的追求，反而加大研发投入。
		a24 永不气馁	（a24）任正非希望狂风暴雨来临时每一个华为人都能像蜘蛛一样，不管遭遇多少挫折和打击，都不放弃，尽自己最大的努力"补网"，等待危机过去。
AA8 战略 定位	A14 体 系思维	a25 着重强调 科研体系	（a25）只有技术自立才是根本，没有自己的科研支撑体系，企业地位就是一句空话。
	A15 精 准定位	a26 国内国际 双线布局	（a26）从很早以前华为就开始了国际化布局，投入了大量资金，明确制定了双线战略：在保持国内领先地位的同时，迅速拓展国际市场。
AA9 前沿 视野	A16 开 拓视野	a27 国际竞争 视野	（a27）我们要向国际竞争对手看齐。
	A17 感 知未来	a28 准确感知 未来潮流	（a28）对未来，我们认为信息经济不可能再回到狂热的年代。因此，信息产业只能重新走到传统产业的道路上来了，它不会长期是一个新兴产业。
AA10 谋划 布局	A18 把 握全局	a29 全局视角 把控组织变革	（a29）我们一定要站在全局的高度来看待整体管理构架的进步，建筑一个有机连接的管理体系。
	A19 洞 悉本质	a30 洞悉企业 目标本质	（a30）任正非对企业"活下来是真正的出路"这一认知深信不疑：只有生存才是最本质、最重要的目标，才是永恒不变的自然法则。
		a31 洞悉组织 变革主要矛盾	（a31）我们在变革中，要抓住主要矛盾和矛盾的主要方面，要把握好方向，谋定而后动。
	A20 机 会把控	a32 健全的轮 岗机制	（a32）几乎所有华为团队成员都有过轮岗经历，这种看似残酷的培训方式成为华为培养后备人才行之有效的途径之一。
		a33 敏锐把握 市场机会	（a33）华为在中国市场得以成功的一个非常重要的原因，就是依靠敏锐的嗅觉来把握市场需求并迅速推出产品。

（续表）

范畴化	概念化	贴标签	单案例：任正非的资料（证据援引）
AA10 谋划 布局	A20 机 会把控	a34 迅速抓住 农村新兴市场 机会	（a34）华为迅速抓住这个机会，乘机捡起这些"尚未采摘的果实"，开始进入农村。这些新兴市场电话普及率低，进入门槛低，容易打开局面。
		a35 抓住转瞬 即逝的机会	（a35）还要有快速的反应速度，才能牢牢抓住转瞬即逝的机会。在市场的运行中，随时会出现新情况，哪怕是最微小的动态也可能会影响整个策略的进行。
AA11 风险 感知	A21 警 惕危机	a36 强烈危机 意识	（a36）《华为的冬天》以振聋发聩的语言，向华为人敲响了警钟，警示着华为的未来，也向人们传递了一种强烈的危机意识。
	A22 风 险管控	a37 管控企业 内部风险	（a37）我们要时刻保持清醒，强化干部自我监管和组织监管机制的建设，保持干部队伍的廉洁和奋斗，只有这样，公司才有可能长久地活下去。
		a38 强大管控 执行力	（a38）在短短十几年的时间里，华为取得了如此巨大的成绩，很大程度上归功于其强大的执行力。
AA12 灰度 思维	A23 静 观其变	a39 冷静思考	（a39）然后冷静地思考整个后方大平台的适应性变革，审慎地一步一步前行。哪怕每年提高千分之一的效率都是可喜的。
	A24 豁 达大度	a40 虚心听取 批评	（a40）我们天天与客户直接沟通，客户可以多批评我们，他们说了，我们改进就好了。
		a41 大度胸襟	（a41）任正非的大度让李一男心怀感激，1993 年 6 月，硕士毕业的他坚定地走进华为。
AA13 不骄 不躁	A25 空 杯心志	a42 永不自满	（a42）尽管取得了令全世界瞩目的成就，但任正非始终保持着一种危机意识，他时刻谨慎，防止自己和华为人出现骄傲的情绪。
		a43 不安于 现状	（a43）在企业发展这方面，任正非时刻保持清醒的意识，他提出的全员危机意识，以及时刻自省、时刻向前看的观念，是保证企业持续发展、不被时代淘汰的正确选择。

（续表）

范畴化	概念化	贴标签	单案例：任正非的资料（证据援引）
AA13 不骄不躁	A26 谦虚退让	a44 谦虚待人	（a44）无论将来我们如何强大，我们都要谦虚地对待客户、对待供应商、对待竞争对手、对待社会，包括对待我们自己，这一点永远都不要变。
AA14 海纳百川	A27 容纳人才	a45 为人才提供良好平台	（a45）任正非给工程师提供了一个很好的开发平台，目标就是要做出实用的产品。
		a46 信任人才	（a46）而任正非信任人才，关键时刻敢于让人才去放手一搏，这也是令华为总能逢凶化吉的重要因素。
	A28 倾听团队谏言	a47 聆听中层管理反馈	（a47）后来我听取一些中层干部的反馈，明白了平台并不是越多越好、越大越好、越全越好。减少平台部门，减轻协调量，精简平台人员，效率自然就会提高。
AA15 创新引领	A29 技术创新	a48 客户导向技术创新	（a48）华为一再强调产品的发展路径是客户需求导向，产品发展要以客户的需求为目标，以新的技术手段去实现客户的需求，技术只是一个工具。
	A30 模式创新	a49 客户需求体制创新	（a49）华为打造了一个IT支撑的、经过流程重整的、集中控制和分层管理相结合的快速响应客户需求体制，为走向国际化奠定了基础。
	A31 文化创新	a50 包容性文化创新	（a50）文化融合是引进海外人才的关键。
	A32 管理创新	a51 团队管理模式创新	（a51）华为开始从任正非个人主导型的管理模式走向EMT的管理模式，华为新的使命与战略体现出团队的意志与价值诉求，更加具有全球视野和国际化思维，也更加开放包容。
AA16 打破边界	A33 开放协作	a52 开放合作	（a52）要紧紧围绕核心网络技术的进步，抓住核心网络中软件与硬件关键中的关键，形成自己的核心技术。在开放合作基础上，不断强化自己的能力。
		a53 互惠合作	（a53）不过，在这段合作期内，华为员工普遍感觉得到了提升，合作方的行事风格给他们留下深刻印象。合作方做任何事情都有计划，并且会不折不扣地执行。

范畴化	概念化	贴标签	单案例：任正非的资料（证据援引）
AA16 打破边界	A34 团队融合	a54 群策群力的"狼团队"	（a54）任正非的"狼团队"的强大攻击力，也是源于其强大的团队合作。团队成员群策群力，每个人都开放自己，这样才能形成一个良好的团队，使集体智慧得到最好的发挥。
AA17 当机立断	A35 投资果敢	a55 敢于投资"鸡肋"领域	（a55）董事会强调在冬天里改变格局，而且选择"鸡肋"战略，在别人削减投资的领域，加大了投资。没有那时的勇于转变，就没有华为的今天。
		a56 研发失败亦勇敢投入	（a56）华为不仅没有因为自主研发 JK1000 的惨痛损失而止步不前，反而将公司所有剩余的资金和人员全面投入数字程控交换机的研发。
	A36 力排众议	a57 排除各自阻力，强力推动流程变革	（a57）任何变革都会遭到各种各样的阻力，要想获得变革的最终胜利，变革的领导者必须能够正确机敏地应对和顶住来自各方的压力和困难，针对企业实际制定合适的变革策略。
		a58 强力面对变革阻力	（a58）为了强力推行业务流程重组（BPR），任正非授予胡红卫辞退阻碍变革之人的权利。
AA18 凝心聚力	A37 共识凝聚	a59 公司内部共识	（a59）华为人已经形成了一个共识：生存下来的理由是为了客户。全公司从上到下都要围绕客户转。
	A38 分工明确	a60 企业间分工合作	（a60）在深圳市就有大大小小上百家分包商专门为华为服务，这样做不仅发挥了专业分工的优势，而且降低了成本，减少了管理难度，提高了华为供应链的竞争力。
	A39 承担责任	a61 重视责任结果	（a61）我们以责任结果为价值导向，力图建立一种自我激励、自我管理、自我约束的机制。

（续表）

范畴化	概念化	贴标签	单案例：任正非的资料（证据援引）
AA19 携手赋能	A40 技术赋能	a62 技术钻研	（a62）大家刻苦攻关，夜以继日地钻研技术方案，开发、验证、测试产品设备。
	A41 战略赋能	a63 打通行业壁垒	（a63）解决方案专家要一专多能，在自己不熟悉的专业领域要打通求助的渠道；交付专家要具备与客户沟通清楚工程与服务的解决方案的能力。
	A42 资源集成	a64 资源共创	（a64）放开对项目组的具体管理，让项目组在资源共享共创的基础上，充满活力。
AA20 成果共享	A43 乐于分享	a65 乐于分享	（a65）任正非懂得对奋斗者的尊重和回报，坚信高工资是第一推动力，因此他提出"不让雷锋吃亏"，赚了钱也乐于同大家分享。
		a66 利益共享	（a66）业界老说我神秘、伟大，其实我知道自己名不副实。真正聪明的是 13 万员工，以及客户的宽容与牵引，我只不过用利益分享的方式，将他们的才智黏合起来。
	A44 机制公平	a67 公平报酬分配机制	（a67）内部薪酬的公平，就是要求公司内部做出相同贡献的人薪酬相当。
		a68 公平竞争机制	（a68）让大家先全部"归零"，竞聘上岗，体现了竞争机会的均等，这种看似"激烈"的方式的背后，实际隐含着的是一种"公平"。
	A45 不计得失	a69 不计个人得失	（a69）认真地做好每一件事，不管是大事，还是小事。目光远大，胸怀开阔，富有责任心，不计较个人的得失。
AA21 家国同构	A46 家户治理	a70 家庭责任	（a70）家庭的责任、事业的急迫，令任正非走上了一条创业干实事的道路。
AA22 社会责任	A47 经济责任	a71 提供有价值的发明创造	（a71）华为这已经是连续 6 年蝉联中国企业专利申请数量第一，其所申请的专利绝大部分为发明专利。

（续表）

范畴化	概念化	贴标签	单案例：任正非的资料（证据援引）
AA22 社会责任	A47 经济责任	a72 提供有价值服务	（a72）为此，华为组织了一支技术力量和责任心都很强的装机队伍，直接面对用户……提供先进、优质的售后服务。
	A48 法律责任	a73 遵守法律	（a73）作为一家非上市公司，华为只要做到依法纳税、守法经营、对客户和员工负责就已足够，无需过多曝光。
	A49 慈善活动	a74 热衷慈善	（a74）《福布斯》中文版发布了"2006 中国慈善榜"，华为荣获第六名。
AA23 民族担当	A50 意识觉醒	a75 危机意识	（a75）尽管取得了令全世界瞩目的成就，但任正非始终保持着一种忧患意识，以"我的世界没有第一"的标准严格要求自己，激励自己带领华为人在残酷的生存环境中奋勇前行。
	A51 使命担当	a76 民族使命	（a76）任正非的可贵之处就在于他敢于"亮剑"，勇于挑战最强大的对手。为了民族工业的独立，为了在市场上立足，他努力搞研发，决心打造自己的品牌与国外巨头一争高下。
	A52 民族责任	a77 振兴民族责任	（a77）这种动力的主要来源，就是洞察时代走向大趋势的敏锐性和为振兴中华而拼搏的使命感。
AA24 重情重义	A53 真诚待人	a78 真诚对待客户	（a78）早在创业初期，华为就面临着要眼前利益还是要客户的考验，任正非明确地指出，华为要用真诚感动客户。
	A54 形象建设	a79 在国际上树立积极正面形象	（a79）华为本来没有计划参展的。但是现在，以正面、积极的形象和姿态出现在这样的国际场合，对华为来说显得非常必要。华为临时决定参展，向所有的客户展示他们对国际市场的决心。

（续表）

范畴化	概念化	贴标签	单案例：任正非的资料（证据援引）
AA25 以诚 为本	A55 契 约精神	a80 契约关系	（a80）企业与员工之间是契约关系，企业有权聘用员工或解雇员工，也有义务为员工提供培训和教育，扩展其知识技能，使其具备在任何时候都能在其他企业找到理想工作的能力。
	A56 诚 信经营	a81 自律诚信	（a81）我们对干部强调自律与诚信、责任意识、使命感，这都是干部的"德"在企业里的体现。
AA26 临危 不乱	A57 战 略定力	a82 强大的 定力	（a82）之前遇到的危机相信大家都有所耳闻，毫不夸张地说这样的危机如果换作其他的企业，很大可能会就此倒闭，而我面对如此的危机依旧会每天坚持跑步，做好自己的事。
	A58 统 筹全局	a83 平衡全局	（a83）这样他为他管辖的部门，带入了全局利益的平衡。
	A59 胸 有成竹	a84 扬长避短	（a84）不必为自己的弱点而有太多的忧虑，而是要大大地发挥自己的优点，使自己充满自信，以此来解决自己的压抑问题。
		a85 战略自信	（a85）那时候，任正非自信地说："10 年之后，世界通信行业三分天下，华为将占一份。"
AA27 游刃 有余	A60 灵 活应对	a86 响应客户 需求	（a86）客户的每一个要求，华为的团队都积极响应。当客户希望看到一个西班牙高铁的覆盖解决方案时，华为人 3 个月内就在上海的磁悬浮沿线搭建覆盖，请客户到上海现场体验了。
		a87 技术迭代 应对市场	（a87）但是我也深知华为文化中重要的一条原则，即以集体的利益为利益，不断进行自我更新，及时调整以适应未来的发展。
	A61 主 动求变	a88 主动突破 创新	（a88）我没有成功，我们还是个很小的企业，但是我觉得最大的经验就是千万不要放弃，要勇往直前，而且是主动不断地创新和突破，突破自己，直到找到一个方向为止。

（二）主轴译码

在概念化与范畴化的阶段，研究团队成员将文本资料分解并逐一识别出相关范畴，这两个程序对文本资料进行了一定程度的提炼与抽象，但是最终结果所得的范畴化定义几乎都是相互独立的，范畴之间的联系并没有进行深入剖析与探讨。关系的建立是得出企业家格局理论模型的必要前提，因此，主轴译码阶段旨在对上述概念化与范畴化所得的范畴进行重新审视与梳理，厘清各个范畴之间的逻辑联系，进而总结提炼所得主范畴。研究团队成员将上一步开放性译码阶段总结所得的 27 个副范畴再次进行梳理归纳，得到了砥志研思、志存高远、眼光独到、虚怀若谷、胆识过人、共创共赢、家国情怀、信守承诺、处变不惊 9 个主范畴（如表 4-2 所示）。

表 4-2 主轴译码

主范畴	副范畴	主范畴	副范畴
砥志研思	求知若渴	胆识过人	创新引领
	坚持不懈		打破边界
	集思广益		当机立断
	博闻强识	共创共赢	凝心聚力
志存高远	远大抱负		携手赋能
	追求卓越		成果共享
	百折不挠	家国情怀	家国同构
眼光独到	战略定位		社会责任
	前沿视野		民族担当
	谋划布局	信守承诺	重情重义
	风险感知		以诚为本

（续表）

主范畴	副范畴	主范畴	副范畴
虚怀若谷	灰度思维	处变不惊	临危不乱
	不骄不躁		游刃有余
	海纳百川		

其中，砥志研思是指企业家在成就事业的创业路上从外部吸收知识，并在吸收知识的基础上进行反思总结的学习过程；志存高远是指企业家的理想追求，以及自我价值的实现；眼光独到是指企业家界定环境与问题的视角和对风险的感知程度；虚怀若谷是指企业家待人接物的包容程度；胆识过人是指企业家在创业与经营过程中面对重要决策时展现出的强大魄力；共创共赢是指企业家在创业与经营过程中对组织内外部进行理念与价值共享、凝聚企业人心及协助外部伙伴的价值主张；家国情怀是指企业家在创业与经营过程中始终心系民族复兴与国家富强的思想与理念；信守承诺是指企业家在创业与经营过程中始终秉持的重情重义、以诚待人的基本品质；处变不惊是指企业家在企业经营活动中遭遇危机与风险时仍能临危不乱、灵活应对的稳重心态。

（三）选择性译码

选择性译码是指，在进行开放性译码与主轴译码两个步骤之后，在范畴内提炼核心范畴，并且发展用以描述现象或者事件的故事线，进而构建新颖的理论模型。通过前面两个阶段对文本资料的解析和编码，我们结合企业家格局的研究主题，对主范畴之间的逻辑关系进行了深入研究，最终形成了故事线：企业家的砥志研思体现了其创业过程中对知识、技术的热情；企业家的家国情怀体现了其始终心系民族复兴与国家富强的责任与担当；企业家对知识技术的执着及其强烈的家国责任感，致使其萌生出远大的抱负与追求卓越的精神，而这决定了企业家的志向，也就是企业家的理想追求及对自我价值实现的要求程度；企业家对自我价值的认知决定了其思想的深度，企业家内心对他人及事实的包容程度有多高（虚怀若谷）、互利协作境界有多高（共创共赢）决定了其思考方式与对事物关联的理解程度；认识论决定方法论，认知与思维会对企业家的处事方式与具体经营行为产生多大影响，体现在企业家对决策的管控是否胆识过人、对危机的处理是否处变不惊、对他人是否信守承诺等方面，同时思想的境界也会影响企业家是否具有独到的眼光。9 个维度从企业家品质、认知、思维方式与行动层面构成了企业家对自身事业追求的综合素养，并且最终发掘出"企业家格局"来总括所有的范畴，用于描述和讨论企业家个人。主轴译码所得到的砥志研思、志存高远、眼光独到、虚怀若谷、胆识过人、共创共赢、家国情怀、信守承诺、处变不惊则是企业家格局主要包含的 9 个主范畴维度（如表 4-3 所示）。我们通过选择性译码把主、副范畴，概念及标签之间进行相互关联，构建起企业家格局的完整理论框架。

表 4-3　选择性译码

核心范畴	主范畴
企业家格局	砥志研思
	志存高远
	眼光独到
	虚怀若谷
	胆识过人
	共创共赢
	家国情怀
	信守承诺
	处变不惊

四、多案例比较分析

在完成对单案例样本企业家分析的基础上，我们总结构建了描述企业家格局的理论框架模型。但上述结论是由单案例分析所得出的，理论模型的理论饱和度还远远不够，原因有几点：第一，范畴仅仅来源于任正非的案例，对企业家而言相对比较局限；第二，范畴之间的关系也仅仅来源于任正非的案例，存在普适性不足的问题；第三，范畴本身的概念来源仅是任正非的案例会比较单一，并未达到相对饱和的状态；第四，成功案例通常有利于归纳出作为必要条件的范畴，这些范畴只有经过负面案例的检验才能筛选出充分必要条件。因此需要对其他当代企业家案例进行详尽分析。

后续 10 位企业家案例的分析流程、思路，与任正非案例的解析流程、思路相类似，即对各个案例文本资料逐一进行开放性译码、主轴译码及选择性译码，分析出各个企业家案例中所蕴含的概念和范畴，继而分析出各个主、副范畴之间的逻辑关系，形成完整的故事线。

后续企业家案例文本资料的质性研究分析也是一个不断相互比较、分析的过程。先前已经总结归纳的初步概念和主、副范畴，对后续案例的译码工作也起到了指导性的作用。而在分析后续案例中发掘出新的或是原有资料难以归纳的概念及主、副范畴时，我们会再与先前的译码结果进行比较分析，甚至返回先前案例修改其概念与范畴。这种跨案例的比较分析能够使得提炼归纳所得出的概念、范畴和范畴之间的相互逻辑关系更加精确。研究团队成员在分析到第四个样本企业家案例（包含任正非的单案例研究）时发现，概念和范畴基本达到饱和状态，但仍然会有新的面向（标签）出现；当分析到第六个案例时，基本上没有新的面向出现。同时，研究团队成员选择用罗云、朱建民、冯就景的案例资料作为验证概念、范畴、面向和关系的饱和度，结果表明我们研究得到的模型具有良好的理论饱和度和效度。

基于对我们所选定的 8 个案例企业家的文本数据分析和 3 个案例的数据验证，我们对企业家格局的理论模型进行了以下大致地描述：

企业家的砥志研思，体现出其创业与经营时对技术知识保持求知若渴的态度、坚持不懈地深耕行业、遇到知识难题时集思广益并快速吸收各方知识转化为能力的学习品质；企业家的家国情怀源于其家国同构的成长与实践经历，企业家在经营实践中始终心系民族的复兴、国家的富强。正是这两种核心的品质使得企业家萌生出追求卓越、心怀远大抱负的精神，进而决定了企业家的志向认知，也就是企业家的理想追求与自我价值实现的要求。企业家对志向的认知决定了其思想的深度，也决定了其思想中是否存在广纳谏言、包容团队和豁达处事思维，以及是否具有相互共享、对内凝心聚力、对外携手赋能的共创共赢协作思维，而这些思维的深度也将决定企业家本人的思考方式和对事物关联的理解程度。认识论决定方法论，认知与思维会对企业家待人处事的方式与具体经营行为产生很大的影响，并具体体现于企业家在创新、组织边界、投资等重要决策执行方面是否胆识过人、对创业经营过程中遭遇的危机是否能够处变不惊、对客户与他人能否信守承诺上。同时，企业家个人思想的境界亦会影响其对环境变化与企业发展状况的评价，决定了企业家是否拥有独到的眼光。

综上所述，我们将 9 个主范畴之间的逻辑脉络梳理出来，从而得出企业家格局的理论模型，具体如图 4-1 所示。

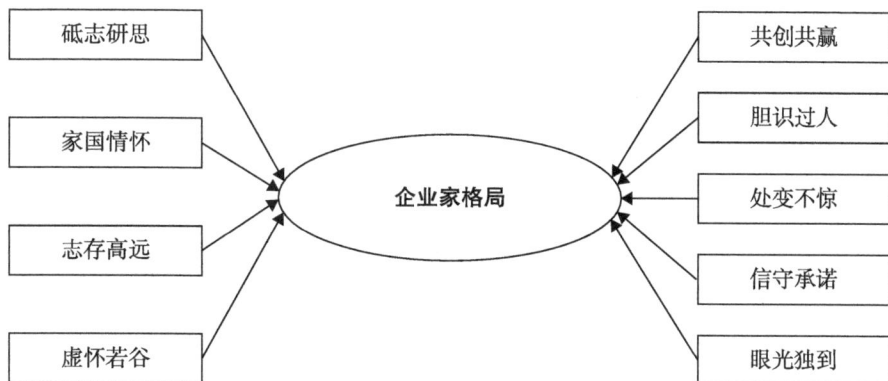

图 4-1　企业家格局理论模型

五、资料分析结果与理论构建

　　企业家格局是企业家个人在企业经营与追求事业成就过程中自身志向、观念、胆识、定力、眼光、思维、品质、胸襟及理念的综合体现。企业家格局是企业家对国家、社会、企业与个人发展之间关联的思考、认识与把控，是认识论与方法论、领导特质与领导行为的综合展示。企业家的格局不仅反映着企业家个人对国家、社会、企业和个人的深刻思考，也会直接影响企业家所领导企业的愿景和使命，进而决定企业的前途与发展高度。企业家格局对于企业能否成长为受人尊敬的企业、能否发展为在世界上享有盛名的企业，以及能否成为经久不衰的伟大企业起着举足轻重的作用。我们通过归纳分析，总结得出构成企业家格局的 9 个维度，分别是：砥志研思、家国情怀、志存高远、共创共赢、虚怀若谷、胆识过人、处变不惊、信守承诺和眼光独到。以下将分别剖析介绍这些构成企业家格局维度的内涵与特征。

（一）砥志研思

砥志研思描绘了企业家专心致志在本领域内探索前沿新技术、新知识，深思钻研与企业发展息息相关的领先知识与领先技术的品质。优秀的企业家专注于行业核心主营业务，不断学习吸收先进经验技术，在深耕行业的同时，结合企业自身资源特点坚持自主创新，将知识转化为企业竞争优势。砥志研思具有四个核心的维度：求知若渴、坚持不懈、集思广益、博闻强识。

（1）求知若渴

求知若渴是指企业家有着强烈的学习意愿和对知识技术的迫切追求。企业家对科学技术旺盛的好奇心，追求知识的渴望心态，以及热衷于思考且勇于挑战现状的专注精神，将鼓舞企业内部员工在工作中发扬探索精神，在企业内部营造出勤学苦思、虚心学习的组织氛围。求知若渴包含两方面内涵：学习意愿和不耻下问。

①学习意愿，是指企业家拥有很强的求知精神和学习动力，他们从小就对未知事物保持好奇，对未知领域有探索的欲望，对知识有强烈的

渴望。学习意愿强烈的企业家会不满足于现状，对未知事物保持谦逊的态度，努力增强自身学习与创新的能力。正是这种充满探索精神的领导魅力，将会激发下属或合作伙伴的工作积极性与创新驱动力，使组织愿意追随企业家，按照企业家的愿景与志向努力工作。例如，马化腾在读大学阶段就将精力灌注在计算机前沿的算法及新颖的知识上，为日后创建腾讯打下了坚实的知识基础。

②不耻下问，是指企业家谦虚好学，在意识到自己某些方面知识或能力有所欠缺时，为了弥补缺失不介意向地位不及自己的人虚心请教。与学习意愿强烈相比，不耻下问更凸显了企业家学习时所坚持的谦虚态度。抱有谦虚态度的企业家会将这种谦厚的思想融入企业发展理念当中，在企业发展与创新中也更加愿意听取消费者的建议，关注市场反馈。

（2）坚持不懈

坚持不懈指的是企业家在学习吸收新知识、新技术、新方法、新理念过程中遇到困难与挫折也不轻言放弃，以坚韧的性格迎接学习的难题。企业家的坚持不懈也体现在企业家对企业发展的长期规划和长期经营上。坚持不懈包含三方面内涵：持之以恒、刻苦学习、坚定信念。

①持之以恒，是指企业家在经营实践中长久坚持学习，有恒心且孜孜不倦。企业实现跨越式发展不是通过突击式学习攻坚与创新就能实现的，而是需要以企业家为核心的管理团队十年如一日地在行业内深耕。例如，马化腾坚持从实践中不断吸取经验与教训，持之以恒地对产品进行修改迭代，最终高效地打磨出深受用户喜欢的产品，为企业赢得了市

场份额与客户口碑。

②刻苦学习，是指企业家勤奋努力，为了钻研专业知识、增强应用能力，时刻也不松懈。持之以恒主要描述企业家在学习与培养能力时的恒心与毅力，而刻苦学习主要强调企业家不论在何种环境中都认真努力地学习与思考，毫不松懈。企业家刻苦学习的精神使得他们不论在何种环境下，对待学习与研究都十分刻苦认真，进而使组织成员也受到他们的鼓舞，在企业内逐渐形成刻苦学习、勤于思考、敢于创新的企业文化。例如，马化腾读大学时就十分勤奋、认真、扎实地学习计算机编程，在与好友一同创立腾讯时他也将这种刻苦认真的学习态度融入腾讯的企业文化当中。

③坚定信念，是指企业家坚持钻研学习能为企业营造持续竞争优势的信念。企业家在谋求技术创新突破的过程中必定会遭遇许多艰难险阻，但格局宏大的企业家不会轻言放弃，他们都会秉持坚韧的性格，保有坚定的信念。

（3）集思广益

集思广益是指企业家在探索前沿科技的过程中仅靠企业家个人的力量是无法满足企业庞大需求的，因而企业家需要广泛地吸收各方有益的意见、想法或建议。在组织内部，企业家需要发动整个组织人员群策群力，让大家共同建言献策。集思广益体现出企业家交际广泛、信息来源丰富，以及学习渠道发达。集思广益包含三方面内涵：群策群力、八面来风、交际广泛。

①群策群力，是指企业家在学习新知识、钻研新技术的过程中，积极团结组织内、外部成员建言献策，并广泛地听取大家提出的意见，综合各方信息资源，高效吸收知识技术。企业家构筑群策群力的企业文化，能够使员工逐渐养成积极工作的态度，提升企业运行效率。同时，群策群力的企业文化能够培养企业员工的主人翁精神并形成稳健的外部合作伙伴价值链，能够将企业建设、经营与管理融为一体，充分展现企业家的经营哲学与价值观。例如，任正非在学习并调整组织管理结构的模式时，向众多合作伙伴与核心管理层学习，听取他们的意见和建议，最终制定出华为的运营管理团队制度。此外任正非也多次强调在研发创新上需要避免"单兵作战"，避免个人"英雄主义"，他以身作则，积极在技术创新与管理方法创新上与员工相互合作，集思广益。

②八面来风，是指企业家有能力获取来自四面八方的信息、意见和资源。信息资源的丰富程度直接决定了企业家接触到行业发展趋势与技术前沿的准确程度，对于企业找准成长与发展方向有着关键作用。例如，雷军在金山软件工作时就结识许多互联网行业好友，当他意识到互联网时代来临时，创立了小米科技，充分调动一切可利用资源，汇聚八方之力，不仅攻克了手机设计制造的技术难题，也为小米生态链的构建提供了资源支撑。

③交际广泛，是指企业家扎根核心业务的同时也广交朋友，并从他们身上学习先进的管理经验与生产技术。相较于八面来风，交际广泛更侧重指格局大的企业家待人宽厚、与人为善，在积极向朋友学习的同时也能处理好与朋友的人际关系。例如，任正非率领华为先后与德州仪器、

IBM、摩托罗拉等世界巨头企业开展学习和合作，并在长期合作过程中逐渐赢得尊重，收获更多合作伙伴，拓宽了行业内部交流的交际圈。

（4）博闻强识

博闻强识是指企业家个人对新知识、新技术、新方法、新理念的吸收能力很强，能够结合行业经验与知识沉淀快速地把抽象的知识转化为实际的经营能力。优秀的企业家个人需要有极强的知识吸收能力，需要有快速把所掌握的抽象知识通过经营思考转化为服务企业发展的具象知识的能力。博闻强识包含三方面内涵：博学多闻、融会贯通、知识应用。

①博学多闻，是指企业家学识广博，见闻丰富。企业家只有潜心在行业中深耕，用心钻研并且和合作伙伴开展广泛的业务合作，才能丰富自己的见闻、博采众长，思考、整合、吸纳多方优点，最终汇聚适合自身企业发展所需要的资源。数字化时代下，知识必须快速整合才能令企业适应环境的变化，企业家作为引领企业乃至行业的领军人物，必须具备渊博的学识和丰富的见闻才能识别出对企业发展起决定性作用的关键信息。例如，任正非知识渊博，见解独到，能够在华为生死存亡之际泰然自若，从繁杂的信息资源中获取并学习对华为的生存至关重要的知识、技术与方法。

②融会贯通，是指企业家将涉及企业管理运营的各方面知识、理论和哲学理念，经过缜密思考与科学分析融合在一起，得到全面通透的理解。企业家对知识融会贯通实际上是对企业知识进行系统管理的过程。融会贯通的知识管理过程有助于企业家将信息处理能力与创新能力相结

合，进而增强企业的应变能力与预见能力，更加适应当今数字化时代下快速变化的环境。例如，任正非提出的"三化"管理改革理论，是华为引进国际化管理运作体系并针对华为的特点进行分析与总结，进而融会贯通得出的结果；又如，马化腾从用户大数据中学习提炼出新的互联网理解，并在此指导下创造出许多新颖且符合用户需求的应用性工具软件。

③知识应用，是指企业家在融会贯通形成独到见解后，能够将知识管理得出的见解转化为企业实践经营能力。知识管理是知识经济时代对企业核心竞争力的管理，而要想让知识转化为企业核心竞争力，企业家必须对知识的应用进行思考，并将知识转化为应变能力与创新能力。例如，马化腾在大学时期深入学习计算机语言，并且懂得如何将计算机知识应用转化为软件产品，体现出很强的知识应用水平。

（二）家国情怀

家国情怀指的是企业家在企业发展过程中始终心系民族复兴与国家富强的担当和品质。企业家个人受到中华优秀传统文化的熏陶，对国家持有极高认同度，进而促使其在生活与事业当中为人民谋求幸福、为民族谋求复兴。展现出浓厚家国情怀的企业家会更加积极地履行企业社会责任，这也对企业在社会上树立威望、在供应链内提高声誉发挥了重要作用。家国情怀具有三个核心的维度，分别是家国同构、社会责任、民族担当。

（1）家国同构

家庭观念在中国传统文化当中占据举足轻重的地位，将家庭与国家联系起来分析其中组织结构共性的概念被称为"家国同构"。家庭是"小家"，由各个"小家"组成了"国家"这个大家庭，而企业组织则可被视为一个"中家"。企业家在自身"小家"中注重家庭治理，尊重长辈并对晚辈言传身教，那这些在"小家"中的点滴亦会影响企业家在管理企业、组织治理、员工培养等方面的思考。家国同构包含三个方面的内涵：家户治理、尊重长辈、言传身教。

①家户治理，是指企业家拥有较强的家庭观念和家庭责任感，并且十分注重家风与家规的构建。强调家户治理的企业家内心具有强烈的"家"的观念与家族使命感，他们会将这种观念与使命带入自己所创立并领导的企业当中，形成具有浓厚的家庭关怀的组织氛围，这会使组织员工在组织工作中也能感受到家庭般的关怀，有利于形成企业凝心聚力的组织文化。例如，王传福虽然很少向部下提起家庭，但是他的核心团队都知道他十分努力勤奋，而且家庭观念和责任感很强，因此他的核心团队也受到了这种家庭观念与责任感的鼓舞与激励。

②尊重长辈，是指企业家对家庭长辈以礼相待、尊重有加，对长辈的言行极为重视。企业家在家庭内对父母长辈谦卑尊重的态度会影响他们对待商业合作伙伴和核心团队成员的姿态，进而有利于构建和谐融洽的合作关系与团队信任，对企业构建长期和谐稳健的内外部环境奠定了观念上的基础。

③言传身教，是指企业家对晚辈的教育不仅停留在口头传授上，更体现在以自身待人接物、为人处事的言行起模范作用上。企业家以自我为表率言传身教，不仅会在家庭内树立正面积极的学习榜样，其表率行为一并被带入工作当中，也会为下属提供学习的榜样，正确引导员工朝着企业真正需要的方向长足发展，有利于企业构建核心竞争力。

（2）社会责任

社会责任是指社会在企业的某个发展阶段对企业在经济、法律与道德等方面履行其应尽责任的期待。学术界对社会责任的研究表明，积极地履行社会责任不仅可以使企业取得良好的外部效益，如提升消费者对企业的满意度等，亦会对组织内部成员产生重要的影响，如提升员工对组织的归属感、提升员工的工作效率等。因此，企业家积极履行社会责任不仅有助于企业形成良好的文化氛围，更能体现企业家自身为家国奉献力量的家国情怀。社会责任包含四方面内涵：经济责任、法律责任、道德责任、慈善活动。

①经济责任，是指企业家主动适应和引领经济发展新常态，从自身领导企业的实际出发落实新发展理念，推动企业加快转型升级、加大创新驱动，在支持配合党和政府妥善解决税收问题、发展混合所有制经济、促进经济持续健康发展等方面作出新的更大的贡献。例如，任正非为了满足客户需求组织了一支技术力量与责任心很强的装机队伍，为用户提供优质先进的售后服务，不仅推动了华为在通信技术领域的技术创新与升级，更让用户对华为留下良好的印象；又如，李书福为提升汽车产品

的质量和安全不仅收购沃尔沃汽车，吸收国外先进技术，更在吉利集团内部投入大量研发费用进行安全与质量方面的研究和开发，使得吉利集团的部分汽车技术逐渐走向世界前列，推动了企业从组装模仿到自主研发的转型升级。

②法律责任，是指企业家在企业进行生产经营活动过程中必须依法经营，严格遵守各种法律法规。在组织内部，企业家应该全面构建企业治理结构，为员工提供健康安全的工作环境；在组织外部，企业家应该在与同行业竞争对手进行竞争的过程中秉持公平原则，不污染企业周边环境等。例如，奥克化学的朱建民在创业之初就明确规定企业的战略与文化要合乎于国家的法律法规要求，要在尊重法律法规基础之上制定合乎企业本身发展定位的战略。

③道德责任，是指企业家在领导企业各项活动有序开展的过程中要符合社会基本伦理道德，在企业的经营生产中不违反商业道德与社会公德。企业家在履行道德责任时会积极维护消费者和员工的权益，尽力为消费者提供优质服务与产品，为员工营造和谐健康的组织文化并提供广阔的发展机会等。例如，何享健在经营美的时一直致力于营造和谐的消费环境，切实保护消费者合法权益，积极履行道德责任，最终凭借品质优良的产品赢得了消费者的信任；又如，王传福着力建设的比亚迪文化中很重要的一点就是公平，他着力健全比亚迪内部规章制度，确保人事晋升考核制度的公平公正、公开透明，为员工提供了公平合理的晋升通道。

④慈善活动，是指企业家领导企业积极救助社会弱势群体，努力为

社会和谐进步和提高人民群众生活水平做出自己的贡献。企业家热心慈善公益活动，积极履行社会责任有利于实现企业利益和社会利益的和谐统一，企业家所做的慈善活动也可以维护其代表企业的长远利益，能够有效提升企业的社会责任形象和知名度，促进企业成长为基业长青的知名企业。

（3）民族担当

民族担当指的是企业家个人主动承担中华民族伟大复兴的历史使命、历史任务与历史责任。当今中国优秀企业家大多成长于建设新中国的奋斗年代，那个年代成长的年轻人沉浸在"为中华之崛起而读书"的氛围中，因此他们都主动肩负民族复兴的使命担当，在各自领域内积极履行民族责任。而且他们都有相当高的觉醒意识，认为只有靠企业自身在核心技术上研发投入、打破外国企业的垄断，才能实现国家富强、民族复兴。民族担当包含三方面内涵：意识觉醒、使命担当、民族责任。

①意识觉醒，是指企业家在艰难的创业经营过程中逐渐认识到企业乃至整个行业与外国领先巨头的差距，最终结合国内外先进经验和企业内外部环境凝练出独特的经营哲学和思维理念。例如，李书福在吉利汽车发展初期的经营实践中受挫，逐渐意识到吉利要想发展壮大成为民族汽车的榜样，绝不能依靠购买所需部件来造车，而应走独立自研的道路，学会自己站着走路。正是自研意识的觉醒造就了如今成为民族品牌的吉利汽车。

②使命担当，是指企业家通过领导企业努力奋斗，在企业茁壮成长的同时，带领企业找准自己的定位，在行业内肩负起自己的历史使命，

用企业自身发展肩负起行业的担当。例如，任正非勇于挑战行业内最强大的竞争对手，带领团队钻研核心技术，决心打造能与国外巨头一较高下的民族品牌。

③民族责任，是指企业家在经营企业的过程中积极履行实现中华民族伟大复兴的责任与义务。相较于使命担当，民族责任更强调企业家应主动履行对民族、社会、企业的承诺，以及遵守行业要求和道德规范。例如，任正非带领华为走出国门、迈向世界的动力之源就是振兴中华、奋发拼搏的责任感。

（三）志存高远

志存高远指的是企业家在执着探寻知识技术顶峰与企业成长发展的过程中，虽遇到重重困难但仍努力实现事业上的抱负。志存高远不仅存在于企业家个人所秉持的经营哲学当中，更渗透于企业家所领导企业的宏大愿景与深厚的企业文化中，不断激励企业成员突破自我。志存高远的三个核心维度分别为：远大抱负、追求卓越、百折不挠。

（1）远大抱负

远大抱负指的是企业家在创业经营中追求改变世界、奉献国家的非凡志向和高远理想，是企业家将管理企业的经历与个人经历高度凝练后得出的世界观、人生观与价值观的综合。远大抱负包含两方面内涵：远大志向与宏伟目标。

①远大志向，是指企业家在创立企业、刻苦经营过程中一直秉持高远的志向和坚毅的决心。有远大志向的企业家心怀家国，秉持砥志研思的品质，在企业创立初期就立下高远的志向，并坚持不懈地运用过人的胆识、处变不惊的心态、独到的眼光及诚信的经营方式来实现立下的志向。例如，任正非在创立华为时便立下"中华有为"的远大志向，并且在这条道路上一直不断前行，追求研发世界一流技术产品；又如，李书福在创立吉利汽车时就梦想能"造老百姓买得起的好车"，并在这条道路上不断奋斗。

②宏伟目标，是指企业家在创立、经营企业时披荆斩棘，战胜重重困难，追求宏大的企业目标。相比较而言，远大志向更多反映了企业家管理经营企业的努力方向，而宏伟目标则反映了企业家领导企业经营行动的承诺。例如，任正非在创立华为伊始就为华为定下了立足自主研发、紧跟世界先进技术、占领国内市场、开拓海外市场的企业目标；又如，王传福在引领比亚迪进军汽车行业之初就定下了打造世界一流汽车企业的宏伟目标，为比亚迪的突破式成长书写了行动指引。

（2）追求卓越

追求卓越指的是在企业家远大志向的引领下，企业向宏伟目标奋发前行时，企业家又将远大抱负分解为企业每个发展阶段所需达成的具体目标，并且在达成目标的过程中发挥自身优势，力求将所获得的资源运用到极致，力求达到行业顶尖层次。企业家秉持追求卓越的管理理念，对于促进企业突破技术壁垒、实现突破式发展与自主创新起着举足轻重的作用。追求卓越包含两方面内涵：精益求精和超越自我。

①精益求精，是指企业家在领导企业追求知识技术领先、市场份额占领及供应链与成本控制等生产经营过程当中，要求核心团队成员不断钻研，实现与同行业顶尖企业并驾齐驱甚至超越的目标，并力求将企业现有的资源进行高效配置，产出极致成果。例如，任正非要求华为研发团队要瞄准世界顶尖技术，建立一个精益求精的研发团队，强调以顶尖的技术满足客户的需求；又如，王传福在比亚迪的电池与汽车均获得商业上的巨大成功时仍保持对电池与汽车技术的追求，不仅了解比亚迪内部技术细节，更主导了比亚迪汽车刀片电池等革命性技术的研发工作。上述的例子无不体现了企业家精益求精、追求卓越的精神在引领企业稳步发展中发挥的巨大作用。

②超越自我，是指企业家不满足于当前领导企业所取得的成就，继续在管理、经营、技术等方面深入挖掘，谋求发挥出自己最大的潜能。精益求精更多体现在企业家对标杆与顶尖企业的追赶，超越自我则更多体现在企业家对企业发展的自省及力求突破自我瓶颈。例如，雷军在金山事业最为辉煌的时候选择离开，超越自我再创业，最终领导小米成为互联网行业头部企业之一；又如，任正非在推行"华为基本法"时不断强调自我否定、蜕变成长的艰巨性与重要性，在他领导下华为"过五关、斩六将"，游刃有余地应对各种危难时刻。

（3）百折不挠

百折不挠指的是企业家虽然在实现远大抱负与追求卓越的经营过程

中遇到无数困难、挫折与挑战，但是仍然坚守心中的志向，不屈服于失败和打击。企业家遇到困难不轻言放弃的坚毅个性会为企业凝聚一支拥有钢铁般意志的队伍，对精诚团结的组织文化的形成起到指引作用。百折不挠包含三方面内涵：矢志不渝、不惧困难、乘风破浪。

①矢志不渝，是指企业家意志坚定，即便在实现高远志向过程中遇到再多风雨险阻，也并不会轻言放弃。企业家矢志不渝、永不言弃的精神会感染以企业家为核心的高管团队，打造出拥有钢铁般意志的团队。例如，任正非在华为成立初期自主研发受挫的情况下，没有放弃在产品与技术上的追求，最终凭借着永不言弃的信念带领团队成功研发出改变华为发展走向的 C&C08 数字程控交换机。

②不惧困难，是指企业家在实现远大抱负和追求卓越的经营过程中不畏艰难险阻，对破解难题、实现抱负充满信心。企业家不惧困难、迎难而上的精神，会不断激励并鼓舞企业员工，让员工在遇到挑战与困难时能直面难题、从容应对，进而让组织逐渐形成不畏艰险、勇于突破的工作氛围，为企业迎接危机与寒冬打上一剂强力的心理预防针。例如，王传福进军汽车行业后在产品研发设计上遭遇重重困难，但他不畏困难、直面问题，带领团队闯出一片天地，最终王传福也从一位"电池专家"蜕变成一位"汽车专家"。

③乘风破浪，是指企业家在实现远大抱负和追求卓越的经营过程中排除万难，并从解决困难的过程中吸取经验与教训，归纳总结后奋勇向前。矢志不渝强调企业家面对困难时意志的坚定，不惧困难着重展现企业家面对难题与危机时的信心与动力，而乘风破浪则更加侧重于体现企

业家在扫除重重障碍、克服种种困难后对迎接并破解这一挑战的反思与学习。

（四）虚怀若谷

虚怀若谷指的是，格局大的企业家心系家国、深耕行业并且心怀高远志向，在其追求个人志向与自我价值实现的过程中，其对志向的认知程度越高则越能意识到，仅靠个人力量是远远无法达成宏伟目标的，必须十分谦虚地容纳团队内、外部的各种意见。虚怀若谷具有三个核心维度：灰度思维、不骄不躁、海纳百川。

（1）灰度思维

灰度思维是一种非绝对化的思维方式，指企业家善于通过自己的智慧与能力平衡与处理组织内外的各种矛盾冲突。灰度原本是摄影术语，管理学研究者将"灰度"一词引入企业管理当中，提出管理企业不应该非黑即白，管理者应该在"黑"与"白"之间掌握合适的"灰度"。企业家在管理企业过程中的不拘小节，在遇到挑战时的静观其变，在面对指责与批评时的豁达退让与宽容大度，无不体现出企业家所秉持的灰度思维。灰度思维包含两方面内涵：静观其变和豁达大度。

①静观其变，是指企业家先观察各方相关利益者的态度与观点，再结合自身的经验分析各种不同的情况，最后决定采取不同的措施。例如，任正非经过冷静地思考华为适应性变革，审慎地一步一步推动华为组织

结构的变革。

②豁达大度，是指企业家胸襟开阔、气量大，能够容人。企业家的豁达大度是其大智慧的体现。在经营、管理过程中，凡事都要有度有量，"宰相肚里能撑船"，这是企业家作为企业领导者的大格局、大修养。心怀远大志向的企业家由于站得高、看得远，能够以宽广的胸怀容纳精英人才，在企业内部营造"我为人人，人人为我"的相互成就的工作氛围。例如，任正非在面对组织内外对其领导活动的批评时，总是大度地接受并加以改正；又如，马化腾亲自主导了十余场"诊断腾讯"专家座谈会，以开放的姿态聆听各方观点与批判意见，不但直面尖锐批评者的批判，更以虚心的态度听取建议，之后又认真分析会议上所出现的种种意见并一一作出改变，为腾讯进入移动互联网阶段的跨越式发展扫除许多障碍。

（2）不骄不躁

不骄不躁是指企业家时刻保持谦虚谨慎的态度，不因为暂时的成功而骄傲，也不因为眼前的困难而急躁。企业家在企业发展壮大过程中会取得无数阶段性胜利与重大成果，但其本人应永远保持空杯心态，不满足于目前企业所取得的成绩，且不骄傲、不自满，始终保持谦卑。不骄不躁包含两方面内涵：空杯心态和谦虚退让。

①空杯心态，是指企业家在实践经营中不论面对何种情况都时刻保持一种挑战自我、永不满足的心态。企业家应随时对自己拥有的知识进行整理，清空过时的知识，为新知识的进入留出空间，保证自己的知识

总是最新的，而且永远不自满，永远在学习，永远保持新的活力。例如，任正非时刻保持清醒的认知与空杯心态，不安于现状，时刻向前看，保证了华为的可持续发展。

②谦虚退让，是指企业家谦虚地对待人才，并且愿意为了人才而选择宽容妥协。一位懂得谦虚退让的企业家能够在企业内部构建起良好的人际关系，员工也会因为被尊重、被重视而对企业产生归属感与使命感，为企业的发展壮大提供更有力的支撑。

（3）海纳百川

海纳百川是指企业家能够接纳和包容许多风格不同、能力不同的人才。企业家除了要秉持灰度思维、广听建议之外，最重要一点就是要对组织内的人才与团队有较强的包容性，鼓励他们不惧失败、迎难而上，同时要及时奖励研发人员，鼓励他们再接再厉、突破前沿。特别是对那些高新技术企业而言，核心研发团队是企业发展与生存的命脉，企业家更需要创建一个包容的团队来促进研发人员的高效研发。海纳百川包含四方面内涵：容纳人才、包容失败、接纳功绩、倾听建议。

①容纳人才，是指企业家谋求企业的可持续发展，以开阔的心胸包容和接纳人才的缺点和短处。

②包容失败，是指企业家并不会因为下属员工工作犯错或是失败而严加指责，而是会给予员工一定的宽容度，鼓励他们继续挑战、勇攀高峰。例如，王传福对比亚迪技术人员总是保持充足的耐心，允许他们犯错；又如，马化腾十分鼓励内部竞争、内部试错，他认为不尝试失败就

不会有成功，在竞争中失败的团队的尝试相当于是"内部试错"，依然可以激发成功的团队的灵感。

③接纳功绩，是指企业家以宽广的胸怀包容接纳企业成员所创造的业绩，并不会因为下属取得成绩而感觉受到威胁。企业家宽容地接纳团队成员的功绩，不仅能够构建更加稳固的团队，还能增强员工的工作热情与使命感。

④倾听建议，是指企业家能够认真地听取团队内外的建议，并且能在缜密地思考与分析后，对照建议进行决策。企业的管理与创新离不开一线员工、合作伙伴与客户的意见。格局大的企业家会意识到，来自各方的建议就是金矿，倾听各方建议也是与利益相关者进行沟通的过程，能让自己在获取利益相关者信息的同时，加强组织内外和谐文化的建设。例如，在面对华为管理结构改革时，任正非认真聆听中层管理人员的反馈，并吸纳中层管理团队的建议，改变组织流程。

（五）共创共赢

共创共赢是指企业家在与组织内部成员或者外部合作伙伴共事的过程中互惠互利，能够实现双方或多方共同获益。企业家格局不仅体现在企业家谦虚接受他人意见的态度上，更体现在企业家与企业内部成员或外部合作伙伴共创价值、共同获益的过程中。共创共赢具有三个核心维度：凝心聚力、携手赋能、成果共享。

（1）凝心聚力

企业家共创共赢的思维，落实到企业每一位成员身上，最重要的就是要做到凝心聚力，即将组织利益相关者的想法、思想和力量凝聚在企业创业者或领导者周围，大家共同为实现企业目标而努力奋斗。企业家要想将成员凝聚在其周围，就要在制定精准且明确的分工合作条件下，将手中权力下放，还要在企业遇到风险与挑战时以身作则，带头迎难而上。凝心聚力包含四方面内涵：共识凝聚、分工明确、承担责任、以身作则。

①共识凝聚，是指企业家聚集不同观点，尊重差异、包容多样，和员工在事关企业前途命运的关键方面形成共同的认识。企业家与员工凝聚共识不但能明确企业的目标与愿景，更能提升组织内的凝聚力。凝聚力是企业发展壮大的动力，也是促进企业发展的重要因素。

②分工明确，是指企业家专注经营业务，尽可能细致地将企业业务的处理过程划分为若干个相对独立的职务，把不同职务，特别是不相容职务，分配给不同部门执行，并通过设立组织机构或设置岗位相对稳定地把分工固定下来，以便形成相互关联、相互制约的机制。

③承担责任，是指企业家勇于对整个组织负责，为企业做出自己的贡献，实现自身的远大志向与宏伟目标。

④以身作则，是指企业家以自身的实际行动为组织成员做榜样。企业家以身作则可以在无形之中启发员工，达到说教理论所达不到的效果。企业领导者的一举一动都将潜移默化地影响员工的工作，给员工留下深

刻的印象，企业家做好榜样才能更好地凝聚人心，提高员工的满意度与归属感，进而提高企业研发与生产的效率。例如，王传福靠着电池技术起家，但并没有因为在商业上取得成功而荒废对技术的追求，而是将一大半的工作时间都用于带领团队进行技术攻关，以自身的实际行动强调了比亚迪工程师文化的重要性。

（2）携手赋能

携手赋能指的是企业家与合作伙伴在合作过程中互相为对方在业务、技术、资源、战略等方面提供帮助。携手赋能包含四方面内涵：业务赋能、技术赋能、战略赋能、资源集成。

①业务赋能，是指使合作伙伴在业务发展过程中产生的赋能需求得到满足。企业家在合作伙伴有新需求时会主动与对方磋商协调，通过对业务的重塑与拓宽来满足合作伙伴的需求。

②技术赋能，是指企业家在与伙伴企业合作过程中帮助伙伴企业提升技术能力。技术赋能可以给伙伴企业带来创新的活力，有了创新的活力，企业才能在多样化和个性化的市场中获得一席之地，从而实现共创共赢的目标。例如，马化腾打造的腾讯云利用物联网、云计算、大数据等信息技术帮助中小合作企业，构建开放共赢的产业生态。

③战略赋能，是指企业家从全局的战略高度出发，为战略伙伴整合与提供各种重要资源，以达成伙伴企业的企业使命。例如，王传福进入汽车行业后，确定将企业重心放在电动汽车上，凭借自身在电池领域的优势在汽车领域赢得竞争，并且为产业链上下游合作伙伴向新能源汽车

行业转型中提供战略上的帮助。

④资源集成，是指企业家将经营资源聚合为一个有机整体。这种集成并非简单的资源叠加，而是在提高经营资源质量基础上进行有机组织，即按照企业的资源集成规则进行组合构造，以提高伙伴企业有效使用资源的能力。

（3）成果共享

成果共享是指企业家让组织成员共享企业发展的成果。企业家的共享思维不仅停留在理念上，更表现在实际的价值共享上。在组织内部，企业家首先会汇集企业内所有的稀缺资源与重要资源，并将其整合为一个个资源簇，之后向所有项目组或事业组开放对资源簇的使用权，企业家仅保留对资源簇的所有权与监督权，最终实现资源集成共享。组织内项目团队运用共享资源簇共同产出成果，并将成果转化为内部各个不同流程或职能单位所需的产品或服务，实现企业内部成果共享，进而达成共建成果的目标。达成共建成果的目标后，企业家需要创立利益共享、公平分配的机制惠及组织内部成员，最终构建企业内部价值共享循环链。而在组织外部，企业家则重在强调与利益相关者在合作中共享。成果共享包含三方面内涵：乐于分享、机制公平、不计得失。

①乐于分享，是指企业家十分乐于与组织成员或外部合作伙伴一同分享企业发展的成果与利益。例如，任正非懂得对知识的尊重和回报，他提出"不能让雷锋吃亏"的口号，在华为发展盈利后也很乐于同大家分享利益。

②机制公平，是指企业家建立健全完善合理、公平公正的分配机制，员工的报酬、晋升机制都以员工绩效为考核指标制度化、规范化地进行评定。企业家建立公平的竞争、晋升、报酬机制，目的在于为企业筛选出优秀的管理者与员工，以此增强企业管理能力和创新发展能力。例如，任正非构建公平的内部薪酬分配机制，要求公司内部做出相同贡献的员工薪酬相当，薪酬分配标准是以绩效目标为导向，公平公正地进行评定。

③不计得失，是指企业家在与组织成员或合作伙伴共享企业发展成果时不斤斤计较、不患得患失，不只着眼于眼前的利益得失。

（六）胆识过人

胆识过人是指企业家敢于将自己的见识与判断落实在企业发展的关键决策上。创业如同登山，需要经历一次次不断冲高，才能登上山顶、获得成功。企业家创业经营不仅需要过人的勇气，还需要过人的胆识，假若企业家没有一点冒险精神，没有果敢决断的胆识与魄力，其领导的企业往往会错失各种发展机遇。没有过人胆识的企业家所领导的企业也许是优秀的企业，但绝不会成为卓越的企业。因为缺乏胆识与魄力的企业家领导下的企业追求谨慎与稳定，大多只能追随顶尖企业，难以引领行业的发展。胆识过人具有三个核心维度，分别为创新引领、打破边界、当机立断。

（1）创新引领

创新引领指的是企业家在创业经营实践过程中努力追求掌握核心技术，谋求行业内原创性突破，不断在经营活动实践与反思中带领团队率先探索新领域，在凝练与总结中激发新思想，做到勇于创新、敢于创新。企业技术、模式、文化、管理的创新不仅要看企业家是否具有思考的深度与广度，是否具有远大的抱负与强烈的企业责任感，是否在管理经营上秉持求真务实的作风，以及是否拥有渊博的行业知识基础，还要看企业家是否拥有过人的胆识与冒险的精神，是否勇于探索、不怕失败。创新引领包含四方面的内涵：技术创新、模式创新、文化创新、管理创新。

①技术创新，是指企业家在学习追赶同行业先进企业的领先技术并达到同等水平后，不满足于现有水平，在不确定能否突破技术瓶颈的情况下仍敢于大力投入生产技术的研发，最终实现原创性技术的突破。生产技术的创新是企业竞争优势的重要来源，是企业可持续发展的重要保障，企业家以过人的胆识引领企业技术创新能确保企业不会故步自封、墨守成规，而是锐意进取、不断攀登行业技术的高峰、保持企业的核心竞争力，使企业在与对手的竞争中独占鳌头。例如，王传福追求电池技术创新，拆解跨国龙头企业的技术壁垒，在他的带领下，比亚迪自主研发实现新能源电动汽车核心电池技术的创新，在新能源电池领域成为行业领军者。

②模式创新，是指企业家将对同行业企业的分析与自身企业的经营实践相结合，凝练出新的改变企业价值创造基本逻辑的商业模式，以提

升顾客价值与企业竞争力。企业商业模式创新有利于企业与竞争对手形成差异，使企业所提供的产品与服务不会同质化。商业模式创新在组织内部体现在降低企业管理成本或提升资源配置与生产效率等方面，在组织外部则表现为可提高客户价值实现的能力，为企业争取更多竞争优势与利润价值。但是，商业模式创新也意味着组织要在结构、战略与规模上进行调整与变革，在变革的过程中企业内外部许多既得利益者会劝说甚至威胁企业家放弃创新变革，也会有保守势力不愿主动谋求创新变革，担心变革会导致许多不利的局面，这时有魄力的企业家会坚信自己的判断并大胆决策。例如，在对华为的客户需求体制进行重塑时，虽然未来的效益不是很清晰明了，但是任正非毅然决定对华为客户需求体制进行创新性重塑，最终为华为的国际化奠定了基础。

③文化创新，是指企业家为了使企业的发展与内外部环境相匹配，吸取前人与市场经营实践经验，根据自身企业的性质和特点，形成以企业家本人的经营哲学为核心的企业文化，并且不断创新和发展。组织文化创新对一个大型企业，尤其是走向国际市场面向世界的企业而言，有着重要的作用。文化创新对企业家提出了更高的要求，需要企业家有更强的魄力，因为一旦文化融合创新决策失利，不仅会影响企业中某个部门或某个流程的经营生产效率，还会对整个企业氛围产生消极的影响。例如，任正非积极引入海外人才，在世界各地建立研发中心的同时也积极进行包容性的文化创新，努力消除狭隘的企业文化观念，并最终在民族文化与国际化之间找到一种新的文化平衡。

④管理创新，是指企业家关注组织内外部环境与组织战略的变化，

运用科学的知识和方法，将组织中成员的成长发展与组织的宏伟目标、远大愿景结合起来，通过调整和变革组织管理方式，提高企业的活动效益。企业家引领组织管理创新不仅有利于促进企业战略的实现、吸纳关键人才，为企业技术创新奠定组织保障，更有助于企业解决产品创新过程中的矛盾，进而提升企业核心竞争力。例如，腾讯最初仅是一家由几个创业团队组建的小型公司，后来逐渐发展壮大成为国内互联网巨头，再加上腾讯逐渐采用对内对外双重延伸打造"互联网＋"平台生态的战略，其组织管理方式都需要随之改变，因此马化腾顺势提出了契合互联网行业的柔性化组织管理模式；又如，李书福在经营实践中开发出"元动力工程""新型班组建设与管理"等10余项人力资源管理创新成果，形成具有"吉利"特色的人力资源培养体系，吸引越来越多国内外汽车人才加入吉利集团，使吉利获得独特的人力资源优势，进而形成可持续的竞争优势。

（2）打破边界

打破边界指的是企业家敢于打破企业现有的组织边界，突破过去的自我约束，实现新发展。企业家大胆突破自我、打破组织边界，不仅有利于企业摆脱大企业容易出现的组织部门功能割裂与成员心理距离割裂的本位主义，更有利于组织激发组织活力，应对快速变化的组织环境，使组织的发展更加可持续。企业的边界框定了企业的经营范围、合作对象、团队组成等关键要素。企业在原有边界内由于其资源积累雄厚、成员经验丰富，因此能从容地处理企业经营所遇到的挑战，但过于保守的边界意识对企业追求远大目标并没有积极影响。但同时，企业家谋求打破边界也会使企业处于一定风险之中，因此需要企业家有过人的胆识去克服重重困难，迎接未知的风险。打破边界包含三方面内涵：跨界经营、开放协作、团队融合。

①跨界经营，是指企业家带领企业为了追求远大志向而进行突破式创新和产业边界扩张。跨界经营不单是指企业业务发展壮大，还指企业家需要领导企业打破组织生命周期，激发企业的活力，其背后更是蕴含着企业家对行业发展的深刻理解，对企业战略的重新布局。当企业家需要进入一个完全陌生的领域经营时，由于其相对缺乏对该行业基础知识、发展竞争状况等的了解，因此需要具备过人的胆识与魄力，做出相对非理性的决策。例如，王传福引领比亚迪从电池领域跨界进入当时还不被寄予厚望的新能源汽车领域，他的大胆跨界促使比亚迪朝着卓越企业的方向发展。

②开放协作，是指企业家领导的企业与外部合作伙伴以项目为基础、以战略为核心共同打造互惠共利的创新协作平台。企业之间开放协作是企业家指导企业发展的战略性选择，合作不仅有利于企业合理整合资源、优势互补、开拓新的发展市场，更有利于企业提高资源配置效率，集中资源促进组织核心能力的创新，形成可持续发展的态势。但是，假若企业核心竞争力的发展被协作伙伴挟持，则开放协作会对企业生存发展构成很大的风险，因此这需要企业家细心评估并大胆决定。

③团队融合，是指企业家为达到既定目标而将企业内有能力、有信念的优秀成员组建为特定的团队，使其为了组织共同目标相互支持、合

作奋斗。如今的市场环境下，企业家需要带领企业面对剧烈变化、充斥着不确定性的外部环境，加速调整企业战略，而组织与团队也需要适应战略变化，持续调整，因此，加速团队融合，形成团队合力，不仅是当今时代企业领导者的关键任务，更是企业领导者面临的一大挑战。团队融合需要企业家打破企业内部早已存在的"部门墙"，拿出勇气与魄力去迎接既得利益者的挑战。例如，王传福顶着生产效率降低的风险保障整车品质，大胆组建队伍与不同部门合作，制定品质保证模式、品质管理目标和计划，最终为比亚迪新能源汽车良好的口碑提供了制度的支撑。

（3）当机立断

当机立断指的是企业家在企业发展的关键时刻抓住转瞬即逝的机会果断做出决策，强调了企业家对企业发展时机的把控。企业家领导企业发展的过程中，在面对机遇来临时要果断决策，稍有犹豫，就会将已有的竞争优势白白浪费或是拱手让给竞争对手。对于企业家与企业而言，做出决策的时机极为重要。即使决策正确，机会错过了，决策效果也会大打折扣。当机立断包含两方面内涵：决策果敢和力排众议。

①决策果敢，是指企业家在经营实践中敢于在有利于全局目标和长远利益实现的时机，舍弃眼前或局部利益进行决策。决策果敢的前提，是企业家以切实的经营信息、丰富的行业知识经验及科学敏锐的思维为基础进行决策，而非盲目武断地进行决策。企业家凭借自己深耕多年的行业智慧做出果敢的决策，使企业抓住市场的机遇，不仅有利于调动员工的积极性，也能满足顾客迫切的需求。例如，任正非在华为濒临破产、

内部信心不足时，勇于转变，果断做出决策，投资别人削减投资的"鸡肋"领域，最终弯道超车；又如，李书福在国产汽车行业发展起步阶段，果断投资建立吉利汽车研究院，把握时机为吉利汽车吸引许多汽车精英人才，促进了吉利整车、发动机、汽车电子电器开发能力的突破。

②力排众议，是指企业家凭借自身的经验与科学分析，抓住决策的关键点竭力驳斥、排除企业内部各种反对意见，使自己的决策或意见能顺利落地执行。

（七）处变不惊

企业在其创立并不断发展壮大的过程中，会面对各种各样不同的风险与挑战，而优秀的企业家在面对各种危机时总能保持冷静镇定自若、不惊不慌，通过缜密的思考灵活地应对各种难题。企业家在危机当中始终保持沉着冷静的心态，不仅能使企业安然跨越危机，更重要的是，能让企业在快速扩张时期有序扩张而非盲目扩张，对企业核心竞争力的稳步提升起到关键作用。处变不惊具有两个核心的维度：临危不乱和游刃有余。

（1）临危不乱

临危不乱指的是企业家在应对企业危机与风险挑战时，内心时刻保持镇定，心情不慌乱，能够从容应对危机。企业家在领导企业进行生产经营活动的过程中，会因为内外部环境的突变而遇到各种影响企业发展乃至事关存亡的风险与挑战，临危不乱的企业家能够在危机爆发时，实施全面管理方案，掌握危机管理的主动权。临危不乱的企业家十分重视危机与挑战对公司的影响，他们总能通过获取有效的信息、行业的经验知识，以及科学的分析能力，判断危机对企业的损害程度、评估危机预案的效果并适时做出调整与修订，最终领导企业安全化解危机。临危不乱包含三方面内涵：战略定力、统筹全局、胸有成竹。

①战略定力，是指企业家在错综复杂的经营环境中为了实现自身的战略抱负和战略目标所具备的战略自信、意志和毅力。虽然企业家在面对环境的风险挑战时会在战术上作出相应的调整，但是他们在面对危机与挑战时由于对企业战略的信任与坚持，不会在外部形势未出现颠覆性因素前轻易改变企业战略。他们会领导企业始终保持既定的战略方向，朝着既定的企业阶段性战略目标努力。企业家对自身所制定的战略充满自信，形成战略定力，有利于企业业务的扎实发展，使企业不会因一时的风浪而乱了阵脚，迷失发展方向。

②统筹全局，是指企业家站在企业全局的角度统筹思考、洞察行业发展变化，谋划组织工作业务，整合协调和创造性思维，服务企业全局发展。企业家在面对危机与挑战时，从企业整体利益出发，做到不顾此失彼、不因小失大、不一叶障目，兼顾与协调企业内部各个利益方和企业整体的利益关系，进而领导企业整体化解危机。例如，任正非在听取咨询顾问公司建议准备建立运用管理团队时，从全局角度出发放弃担任EMT 主席，而是运用轮值主席制度，平衡了公司各方利益，使公司得到均衡成长。

③胸有成竹，是指企业家在领导企业发展时对自身制定的战略、决策和应对危机方案十分有底气，在面对危机时始终保持镇定与自信。战略定力强调的是企业家面对困难时的毅力与坚持，统筹全局强调的是企业家应对危机或是面对企业发展问题时的全局思维和执行能力，胸有成竹则更多强调的是企业家对其制定战略、计划或决策能顺利化解危机的自信。例如，李书福制定了收购沃尔沃汽车的计划，虽然当时全球正面临经济危机的冲击，吉利也被波及，经营业务效益下降，但李书福仍然对制定的并购计划胸有成竹，认为并购沃尔沃汽车会给吉利的发展带来长足进步，最终的吉利汽车的发展历程也印证了李书福的思考。

（2）游刃有余

游刃有余指的是企业家依靠丰富的商业经验在谋划、制定、执行企业决策或战略目标之前，通过缜密地推理、计算、分析与归纳，预见可能出现的风险与挑战，总结出完善的执行计划和应对方案，并且依据环境顺势而为，不断对计划与方案进行适应性修正，最终化解危机。企业家在领导企业发展过程中总会受到经营环境变化的制约，假若企业家一直固执地执行原来的计划，可能会使企业发展偏离预期轨迹，甚至遭遇经营危机。当企业面临危机时，游刃有余的企业家会选择顺势而为、与时俱进，根据环境变化，适时调整企业计划，带领企业走出危机。游刃有余包含两方面内涵：灵活应对和主动求变。

①灵活应对，是指企业家在面对剧烈变化的环境时，对组织战略与计划做出相应调整，聚焦核心资源，深耕主营业务，夯实发展基础，提

升企业竞争优势。在突发危机面前，企业家对市场环境反应的灵活性有助于企业减少不必要的损失，有利于企业维持自身规模与行业地位，为企业创造竞争优势。例如，雷军在面对移动互联网时代用户需求变化的挑战时，打破传统品牌构建顺序，以产品快速迭代满足消费者需求来带动品牌建立，在雷军的灵活领导下小米逐渐形成特有的竞争优势。

②主动求变，是指企业家凭借对行业的了解与经验，敏锐地预料和察觉潜藏的风险与挑战，进而主动改变现状、积极开拓，为企业获取更大的利益与竞争优势。企业家灵活应对危机更多是被动地化解挑战，而主动求变则是企业家凭借自己深耕行业的经验与前瞻的眼光，主动地在大变局中找准定位，开拓出应对危机的新路径。

（八）信守承诺

信守承诺是指企业家积极兑现与他人约定的承诺。中国传统经商文化一向提倡诚信经营，而企业家信守承诺指的是企业家领导企业以诚信为行为处事的准则开展一系列企业经营活动。在现代社会中，诚信不只是一种道德规范，它也能够为企业带来重要的经济效益。企业家和其领导企业的口碑和信誉是一种稀缺的价值资源，它在一定程度上与企业物质资源、人力资源、资金资源的重要性相当。信守承诺具有两个核心的维度：重情重义和以诚为本。

（1）重情重义

重情重义是指企业家对朋友与合作伙伴的情感都十分重视，对企业员工十分仗义。企业家的重情重义不仅体现了其躬身践行诚实经营、重视信用、崇尚正义的守信文化，更反映了企业家强调以人为本、以诚立业、以信兴业、以义强业的经营价值观，能有效地提高员工队伍的凝聚力与战斗力，对于推动企业健康、稳步、可持续发展起到了重要的作用。重情重义包含两方面内涵：真诚待人和形象建设。

①真诚待人，是指企业家真心实意地对待伙伴、员工和客户，对人坦诚相待。企业家以真心对待团队成员会令组织氛围更加和谐稳固，也有利于提升员工对企业的认同感、安全感、价值感与工作使命感，稳定员工队伍的信心，营造出和谐的工作环境与组织氛围。而对于外部合作伙伴，企业家真诚相待，与合作伙伴共建、共生、共赢，不仅能持续提升企业服务能力与创新能力，也有利于提升企业在行业内的声誉与地位。例如，任正非在创业初期就明确提出华为要用真诚感动客户，事实证明许多海内外客户最终也被华为以客户为中心、从客户利益出发经营理念而打动。

②形象建设，是指企业家需要通过信守承诺、诚信经营对内对外树立起良好的自身形象。企业家在企业管理中处于核心地位，企业家形象是企业文化的外在表现，富有人格魅力的企业家的形象将直接影响企业的发展方向及企业与内外各种利益相关方的关系，可以说良好的企业家形象是企业的"金字招牌"。例如，雷军所领导的小米在做好硬件的同

时，真诚地考虑用户体验，利用互联网倾听用户诉求、满足用户需求，树立了如对待家人般真诚地对待"米粉"的企业家形象。

（2）以诚为本

以诚为本是指企业家在经营实践中秉持诚实无欺、遵守契约、言行一致、表里如一的品质。诚就是真实不欺，反映了企业家个人的内持品德；信就是真心实意履行约定，反映了企业家人际交往的准则。诚信是衡量一位企业家及其领导企业是否具有职业道德的依据，人无信则无法取信于人，企业无信则难以立业，以诚为本是一位优秀企业家及一家卓越的企业发展必备的条件。以诚为本包含两方面内涵：契约精神和诚信经营。

①契约精神，是指在商业社会中企业家代表企业与合作伙伴共同协商订立条款，并积极履行契约关系的自由、平等、守信的精神。契约精神实质是对契约的一种尊重与敬畏，其作用超出了道德对合作双方的约束力。契约精神是商业社会的重要法则，企业家具有自由、平等、守信的契约精神，不仅能展现出企业家讲求责任与担当的品质，更能体现出企业家及其所代表企业的商业信誉。例如，任正非是一位十分注重契约关系的企业家，即便在华为遇到生存挑战的时候，他仍积极地向客户与员工履行契约关系，赢得了员工和客户的高度信任。

②诚信经营，是指企业家在从事生产、经营、管理活动中，讲究诚实守信，做到遵纪守法、诚恳待人、以信取人。企业家的诚信是促进企业内外有效沟通的桥梁，是企业生存和发展的基石，诚信经营更是推动

企业生产力提高的精神动力。企业家将企业诚信作为核心价值观，高度重视人力资源这一生产力中最积极活跃的要素，通过精神层面的感召力，使企业内部真诚相待，能充分调动组织成员的积极性、主动性、创造性，并使组织成员高度认同与支持企业家制定的战略目标与企业愿景，使企业生产力得到释放与发展。

（九）眼光独到

眼光独到是指优秀的企业家能比其他企业领导者更准确、更敏锐地发现环境的变化、浮现的机会及潜藏的危机。企业家能敏锐察觉环境的变化主要归功于企业家拥有前沿视野，在超越自我、追求卓越、潜心钻研的过程中始终求新求变，不断接触产业与社会的前沿，形成高度开阔的国际化视野，并由此敏锐地感知并预见未来行业发展的潮流和前景。基于前沿视野，企业家能精准把握未来机会，运用体系思维，结合企业的战略目标，谋划整体布局。企业在发展壮大的过程中也会遭遇许多已知或未知的危机，眼光独到的企业家对风险有敏锐的感知力，在企业的各项决策与控制中秉持底线思维，强调对危机的警惕及对风险的管控。眼光独到具有三个核心维度：前沿视野、战略定位、风险感知。

（1）前沿视野

前沿视野指的是企业家深耕行业、潜心钻研，能够直接接触行业与市场的敏感需求，对行业市场的观察、思考范围不断扩大，具备面向行业前沿的经济、技术、国际视野。在数字化时代，面临市场快速变化的挑战，企业家需要看到国际经济、行业和技术的变化与发展趋势，把握大规律。可以说，如果企业家看不到发展的未来，那么他带领企业成长将犹如盲人摸象。企业能走多远，取决于企业家视野有多广。前沿视野包含三方面内涵：求新求变，开拓视野，感知未来。

①求新求变，是指企业家不仅需要主动了解国际经济、行业和技术的变化与发展趋势，更需要把握新趋势、迎合新需求，主动突破创新。如今，以创新求发展已经成为企业发展的必经之路，随着发展速度的加快，企业如果不主动创新就会被消费者与市场抛弃。企业家依靠前沿视野，主动求新求变，维护企业的业务根基，有利于保持和增强企业核心竞争力，使企业在应对数字时代的发展中赢得先机。例如，王传福凭借敏锐的前沿视野捕捉到新能源电动汽车的发展趋势，主动寻求电池新工艺的创新，实现降本增效，为比亚迪汽车成长为新能源时代的引领者打下了稳固根基。

②开拓视野，是指企业家通过行业市场实践增加前沿知识，开拓行业与市场视野。企业家只有开拓视野才能更好地提升企业创新研发与组织管理能力，只有将"行万里路"的实践与"读万卷书"的理论在市场的背景下结合起来，通过市场交流与检验才能进一步修正企业发展计划。企业家需要不断与行业内外互相交流借鉴，学习和提升先进技术与产品经验，不断贴合客户需求去研发和生产，才能在这个过程中逐步开拓视野。

③感知未来，是指企业家凭借对行业的专注投入，能够从市场的细微动态变化中更精准、更快速地捕捉到行业未来的发展方向与机遇。开拓视野强调企业家相较于普通领导者对行业的观察更长远、更广阔，而感知未来则强调企业家对社会、行业和企业未来发展趋势判断的敏锐性与准确性。

（2）战略定位

战略定位指的是企业家为实现其远大志向和企业宏伟目标，根据企业环境变化，勾勒出企业和产品的清晰形象，使企业和产品在客户的认知中占据有利的位置。企业家确定市场与产品定位之后，积极发掘细分市场消费人群的特点，精准定位、深度营销，与消费者建立联系，能高效地创立品牌并成功地传播企业形象，为企业赢得客户口碑和行业认可打下基础。战略定位包含两方面内涵：体系思维和精准定位。

①体系思维，是指企业家在勾勒企业清晰形象的时候，从企业系统出发，充分考虑企业内部各部门掌握和配置资源能力与潜力的不同，抓住核心关键业务，采取灵活有效的方式实现企业战略目标。企业是一个有机的系统，企业家在追求企业战略目标过程中需要树立局部服从整体的思想，让组织在体系思维下相互配合。企业家需要对体系中每一个有机组成部分进行精确定位，才能实现企业的整体优化，最终达成企业战略目标。例如，李书福为了实现"造老百姓买得起的好车"的理想，他着手构建了吉利全球化采购零部件供应体系，实现汽车产品的降

本增效。

②精准定位。相较于体系思维考验企业家对组织内部分工合作的整体安排，精准定位描述了企业家对商业环境变化的敏感性与判断的准确性。例如，任正非推动华为实行国内、国际双线精准定位布局，为华为赢得了广阔的市场；又如，马化腾将腾讯定位为互联网社交服务供应商，并以此为核心扩展业务。

（3）风险感知

风险感知指的是企业家凭借对市场的充分了解和对行业的专注积累宝贵的智慧和经验，准确识别影响企业发展前景的某些特定风险或潜藏危机。风险是与商业活动共存的，企业发展的同时不可避免地会出现风险。优秀的企业家具备敏锐的风险感知能力，能够对企业前进道路上的发展陷阱、潜在危机做出精准判断，领导企业朝正确发展方向成长。风险感知包含三方面内涵：警惕危机、风险管控、底线思维。

①警惕危机，是指企业家在领导企业生产经营活动时，对可能发生的危险情况或者错误发展倾向保持敏锐的感觉。企业家的危机感会让企业时刻保持对外界经营环境的敏感性，在大胆追求战略目标与企业愿景的同时保持警惕，使企业持续保持竞争活力。例如，任正非提及危机感时曾说，他十多年来每天思考失败，对成功视而不见，内心没有荣誉感或是自豪感，有的是危机感，正是任正非对危机的警惕使得华为虽然规模越来越大，但企业内部仍充满源源不断的活力；又如，马化腾带领腾讯发展壮大并在行业内取得领先地位后，时常担忧腾讯内部出现"大企

业病"，不断协调腾讯内部业务，将腾讯的优势资源进行整合，实现腾讯在经营领域的前瞻创新，带动腾讯整体实力增长。

②风险管控，是指企业家在带领企业生产经营时，采取各种措施和方法减少风险事件发生的可能性，或者在企业出现危机或风险事件时减少企业的损失。企业家对风险进行控制一般采取风险回避、损失控制、风险转移和风险保留等方法。例如，王传福在比亚迪发展初期，为了规避侵权的风险，而力求建立完善的专利管理团队进行风险管控；又如，马化腾意识到移动互联网时代即时通信安全问题是企业乃至行业的一大危机挑战，为此他采取回避策略携手行业合作伙伴制定安全标准，提高腾讯抗风险和防病毒能力，对通信安全风险进行提前管控。

③底线思维，是指企业家在经营业务或者谋求企业发展时凭借对行业的专注、对业务的熟悉及科学的分析，预测企业可能出现的最坏情况，并且接受这种情况，进而采取行动。企业家秉持底线思维会加强团队的底线意识、忧患意识和责任意识。同时为了防止最坏情况出现，企业家在管理经营中会将防范风险、排查业务问题作为团队工作考核的重要指标。例如，李书福在2008年全球金融危机出口业务遭遇严重打击的逆风情况中，发现吉利汽车整车贸易模式在抵御危机上的孱弱，于是将自主研发核心零部件、攻克技术难关作为底线，重塑吉利发展模式，带领吉利从众多竞争对手中脱颖而出，成为行业领军者。

六、企业家格局研究总结

企业家格局能够帮助企业有效地识别、把握和维系各种机会，从而帮助企业有效地规避风险，实现成长。

经过基于扎根理论的案例分析，本书梳理出企业家格局的 9 个核心维度：砥志研思、家国情怀、志存高远、共创共赢、虚怀若谷、胆识过人、处变不惊、信守承诺和眼光独到。其中，志存高远、砥志研思和眼光独到等维度有利于企业的机会识别；虚怀若谷、共创共赢和胆识过人等维度有利于企业的机会把握；家国情怀、处变不惊和信守承诺等维度有利于企业的机会维系。正所谓"危中有机"，不确定性既可能是潜在的风险，也可能潜藏着更大的发展机会。能够在不确定性中规避风险，同时识别、把握和维系机会，正是企业在不确定性环境中保持可持续绩效的重要基础（如图 4-2 所示）。而企业家格局则是企业能够在不确定性中屡屡把握机会的"定海神针"。

以上核心维度和影响机理的识别与挖掘，一方面有利于我们进一步理解中国企业在数字化浪潮的巨大不确定性中实现可持续发展的内在逻辑；另一方面也有利于我们通过和西方的领导力理论进行对比，从而理解中华文化影响下的企业家领导力特质和西方领导力的差异，为构建具有中国特色的领导力理论奠定基础。

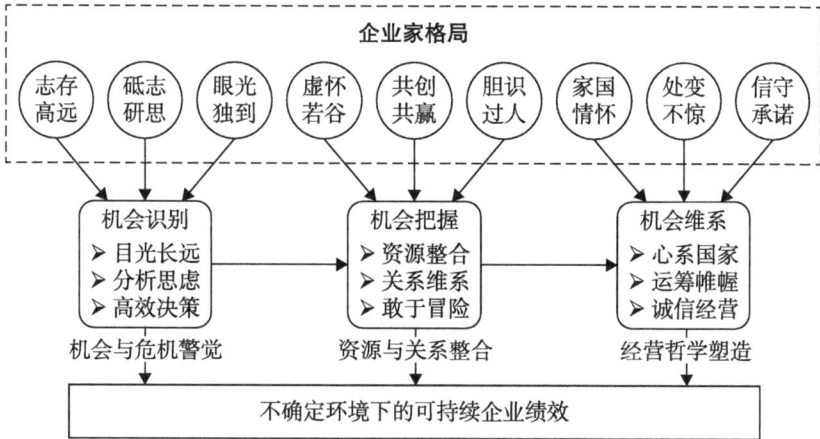

图 4-2　企业家格局影响不确定性环境下的企业绩效的机制模型

第五章

企业家格局量表

在人类创造知识的过程中，方法论起着至关重要的作用。与认识论相比，方法论更具实践性。实证主义是奥古斯特 - 孔德创造的一个术语，指的是一种假设，即只有从经验中才能找到知识。实证主义者信奉经验主义，认为观察和测量是科学研究的本质。而科学研究的关键方法是实验，在实验中，研究问题的可操作性被重点关注。大多数研究者认为，只有可测量的东西才能被处理。由此，如何开发一个科学且准确的量表在科学研究（尤其是定量研究）中尤为关键。

在企业家格局研究中，系统梳理有关企业家格局的理论十分重要，在此基础上开发一个科学的测量量表亦十分重要。在量表开发的过程中，我们严格遵循规范的量表开发步骤（Cardon et al., 2013），通过三个阶段的程序对量表进行开发和验证。首先，基于扎根案例研究和理论探索的研究范式（Nunnally, 1994），我们开发了与理论构念一致的测量企业家格局的初始项目库，通过编码形成 9 个维度结构，累计构成 56 个初始题项，各维度题项均在 5 题以上。其次，在专家小组的指导下，我们对 56 个初始题项进行了逐一筛选，具体原则是：合并语义重复的题项；删除

存在争议表述的题项；删除表述不完整的题项。最后，我们采用李克特
五点式量表，邀请 15 家企业人力资源经理对预试问卷题项进行评估，逐
一检查这些题项是否描述清晰、无歧义且符合企业管理实践。根据反馈
结果，我们最终形成了 18 个题项的企业家格局量表。

之后，在形成企业家格局量表的基础上，我们进一步通过大样本的
检验来验证量表的信度和效度。基于对 169 位企业家的调查结果，我们
发现该量表具有较好的拟合程度、聚合效度及区分效度，这确保了企业
家格局量表的科学性与可操作性。企业家格局量表的开发具有重要的理
论与实践意义，一方面对识别中国情境下中国企业家格局这一重要且独
特的概念、理解中国企业家的战略思维尤为关键，另一方面为后续开展
企业家格局与企业绩效关系的实证研究奠定了重要基础。

为了让更多人对企业家格局这一中国本土战略领导力的新概念有更
深入的认识，同时也为了将这一量表置于更广泛的中国管理实践中进行
再检验，我们将这一量表做成了测试表（如表 5-1 所示），读者可以根据
测试表和评分标准自行测量。

表 5-1　企业家格局测试表

你同意以下看法吗？	非常 不同意	不同意	一般	同意	非常 同意
	1 分	2 分	3 分	4 分	5 分
1. 我希望可以通过自己的企业让这个世界变得更好					
2. 我认为经营企业没有最好，只有更好					
3. 我经常反思自己的不足，时刻警惕骄傲自满的心态					

（续表）

你同意以下看法吗?	非常 不同意	不同意	一般	同意	非常 同意
	1分	2分	3分	4分	5分
4.我对待亲友、同事、下属非常包容					
5.我乐于接受他人的批评，不会因此记恨批评者					
6.我为同事和下属的成功由衷地感到开心，从不担心他们超过我					
7.我总是能够团结大多数人一起来为既定目标努力					
8.我非常乐意跟同事、下属分享合作取得的成果					
9.我坚信"我为人人，人人为我"这个道理					
10.我是一个说到做到的人					
11.我认为信誉是企业之本，失去信誉的企业不会有前途					
12.在与其他企业合作过程中，我宁愿亏本也要坚守信用					
13.我对自己的专业能力非常有信心					
14.即使遇到意料之外的状况，我也很有信心可以从容应对					
15.我拥有灵活应对变化的能力					
16.我希望我的企业可以走出国门，成为有影响力的民族品牌					
17.我认为企业家在实现个人富裕后必须承担更多的社会责任					
18.我认为企业家的道德修养比赚钱能力更加重要					

评分标准：

（1）18～33分，生存层次：在这个层次上，人们倾向于追求物质的满足，以确保自身的存活和安全。然而，如果一个人一直停留在生存层次，将会限制自己的发展空间，陷入物质欲望的困扰。

（2）34～49分，功利层次：在这个层次上，人们注重的是对功成名就、财富积累和社会地位的追求。虽然功利层次带来的物质和社会回报很重要，但如果只追求表面的功利，往往会忽视精神层面的需求，并可能导致内心的空虚和不满足。

（3）50~65分，成长层次：在这个层次上，人们注重的是个人的内在修养、知识和技能的提升。他们渴望实现自己的目标和潜力，并追求个人成长和发展。成长层次的人更加注重自我价值的实现，他们更加关注自己的内在需求和内心的满足。

（4）66~81分，奉献层次：在这个层次上，人们重视为他人和社会做贡献。他们关注社会问题，积极参与公益事业，并追求对社会的影响力和改变力。奉献层次的人具有强烈的社会责任感和使命感，他们通过奉献自己来实现心灵的满足和精神的富足。

（5）82分及以上，智慧层次：在这个层次上，人们追求智慧和深刻的理解，关注人类的普遍问题和意义。他们热衷于思考人生的意义和宇宙的奥秘，追求灵性的体验和超越自我的境界。智慧层次的人对人生有着更深刻的思考和领悟，他们具有更广阔的视野和洞察力。

第六章

企业家格局的
修炼与提升

一、企业与企业家的格局

企业，作为以盈利为目的的经济组织，其存在与发展离不开"人"这一核心要素。例如，历史上的著名人物刘备，如果没有关羽和张飞两兄弟，他拉不起队伍；如果没有诸葛亮的加盟，他建不起自己的根据地，历史上也不会有蜀汉政权，不会出现三国鼎立的局面。

人是企业的根基和灵魂，是企业生存与发展的核心力量。而企业家，作为企业的领导者和组织者，他们的格局和素质直接决定了企业的命运。企业家可以分为所有者企业家和管理者企业家。企业家的基本要素包括冒险的天性、创新的灵魂、执着的本性、开放的心态，以及与时俱进的社会责任感。这些要素使得企业家能够在复杂多变的市场环境中保持敏锐的洞察力，带领企业不断突破自我，实现持续发展。

然而，企业家与企业家之间也存在着巨大的差异，这些差异主要体现在管理风格、管理能力和管理方式上。而这些差异，实际上体现的是企业家格局的不同。企业家的格局，是企业家综合素质的体现，决定了企业的现在和未来。一个拥有大格局的企业家，能够看清市场的趋势，把握企业的方向，带领企业走向成功。相反，一个格局小的企业家，往往会被眼前的利益所迷惑，导致企业短期卷入迷局，甚至陷入困境和绝境。

二、提升格局的方法

（一）要认识自我、提升自我和放下自我

老子曾说，知人者智，自知者明。认识自我，就是要找准自己的边界，明确自己的优势和不足，敢于直面自己的短板，放下名与利，通过各种方式扬长避短，实现自我超越。

伍仲乾，莱尔科技的缔造者，虽非饱读诗书之人，但以坚韧不拔的意志与淳朴真诚的品格，历经数年摸爬滚打，最终创立了四五家企业。他的朋友们常常称赞他为人豪爽，管理企业时亦能抓住要害，举重若轻。我与他友情深厚，曾经的一次对谈，让我对他深感敬佩。

2015年冬天，他邀我参观他的企业。一番走访后，我们在企业食堂共进简餐。酒意渐浓时，他开门见山地问起我对他企业的看法。

我坦言，这些企业各有特色，不过传统产业目前虽仍有盈利，但面

临着环保压力，未来经营难度或将加剧。精密电子厂研发投入巨大，产品迭代迅速，稍有不慎便可能一落千丈。

伍总听后，举杯一饮而尽，眼中满是真诚，谦虚地说："朋友，如今市场环境瞬息万变，我学识有限，很多新事物难以捉摸。你得帮帮我。"

我笑道："您管理企业自有独到之处，否则怎能家家工厂都盈利呢？"

伍总却摇了摇头，神色凝重："往昔市场繁荣，赚钱容易。那时只需赚钱、分钱，无需多虑。然而近年来市场风云变幻，部分生意已不如往昔。我的几家工厂盈亏参半，问题与困扰日益增多。我深感未来生意愈发艰难。跟你说句心里话，我已将能力发挥到极致，再难有所突破。若我继续掌管，只怕一日不如一日，最终难逃倒闭之局。若你觉得我的企业尚有价值，就请帮我一把。我不能让这些工厂垮掉。"

作为多家企业的创始人，能如此深刻地剖析自己、勇于否定自己，我深感震惊与感动：格局如此大的人，值得深交与合作。于是，在2017年，我加盟伍总的公司，担任董事长一职，而他担任总经理。我们共同引入了企业发展所需的专业人才，结合国家政策与市场趋势，制定了公司的发展战略。在大家的共同努力下，莱尔科技经过股份制改革，优化了股东结构，调整了经营思路，强化了内部管理，变革了业务模式，不断提升企业的竞争优势。终于，在2021年，莱尔科技成功登陆科创板，成为一家规范运作、前景光明的上市公司。

提升自我，首先要勇于剖析自己的缺点和问题，不可自欺欺人，更不可讳疾忌医。

（二）要转变看待世界的方式和角度

格局不仅体现在企业家的个人素质上，还体现在他们看待世界的方式和角度上。格是时间，局是空间。格局小的人则往往自私自恋、患得患失，爱推卸责任，心眼小、爱记仇，恨你有、笑你无，嫌你穷、怕你富，这些特征使得他们在面对复杂多变的市场环境时往往无法做出正确的决策。而大格局者，目光长远，心胸开阔，谋略有高度、认知有深度，能够看清未来的趋势和空间的布局，从而做出正确的判断，做出符合历史发展轨迹的选择。

（三）要提升认知

企业家的格局与他们的认知呈正相关关系。可以这么说，认知的深度决定格局的高度。有什么样的认知就形成什么样的格局，有什么样的格局就办成什么样的企业。

一个拥有高认知的企业家能够看清市场的本质和规律，制定出符合企业发展的战略和计划。而认知低下的企业家则往往被表面的现象所迷惑，导致企业陷入困境。例如，很多人在产品滞销时，将问题完全归因于市场环境不好，或是公司销售政策不好（要求降低价格或者多一些折扣等），但实际上，产品滞销完全有可能是由于市场需求已经发生了巨大变化，而自己的产品迭代、创新跟不上等，如果不从更深的层次上发现问题，就很可能失去迎头赶上的机会。认知处于低段位，只看表象，对于竞争激烈的企业来讲，是一种负效应。只有内心从更高的维度上去审视问题，才能有效解决问题。

同时，企业家应认清自己的角色，要对自己有清晰的定位和深刻的认识，并担负起相应的责任。一个人只有明确自己在生活中的位置，以及自己想要追求的方向，才能对自己有清醒的认知。

（四）要勇于质疑昨天的成功

把偶然当必然，这是经营企业的大忌。外部环境不断变化，如果不与时俱进，调整思路和策略，路径依赖常使企业家误判未来的趋势，导致战略决策失败。

比如柯达公司。在 20 世纪 70 年代，该公司就已经发明了数字相机技术，但他们心心念念的是传统的胶片技术，从而忽视了数字相机技术的潜力，错失了数字相机的机会，最终走向破产。

又比如诺基亚。在智能手机操作系统上，诺基亚长期依赖自家的塞班（Symbian）系统，即便看到了安卓（Android）系统的兴起，诺基亚也拒绝转型，仍坚持做传统手机，最终在智能手机市场上被淘汰。

再比如开心网。开心网曾经是中国互联网的社交巨头，但由于过度依赖原有的社交模式，未能及时跟上移动互联网的发展步伐，导致用户流失，逐渐衰落。

路径依赖导致企业或组织在面临变化时难以适应新的情况，难以变革创新，难以抓住稍纵即逝的机会，从而走向失败。

（五）要果断离开固有的圈子

你的生活圈子、工作圈子、社交圈子在一定程度上决定你的人生和未来。纵观周边有大成就者，都极其重视人际圈、朋友圈，有严格的交友守则。

晚清重臣曾国藩有个著名的"八交九不交"原则。所谓"八交"，是指要交胜己者、盛德者、趣味者、肯吃亏者、直言者、志趣广大者、惠在当厄者、体人者。"九不交"是指不交志不同者、谀人者、恩怨颠倒者、好占便宜者、全无性情者、不孝不悌者、愚人者、落井下石者、德薄者。

（六）要持之以恒的学习

持之以恒的学习能够帮助企业家形成知识体系和判断能力，打破路径依赖和信息"回音壁"，可以帮助企业家形成新的世界观，离开固有的圈子，走出去看世界。

李嘉诚在做学徒和创业期间坚持"抢时而学"，后来在经营自己的"商业王国"期间仍孜孜不倦地学习，几十年如一日。持之以恒的学习，使李嘉诚始终能把握住时代变化的节奏，多次抓住产业调整的风口，成为商业"大江大河"中的领航人。

三、企业家要见天地，见众生，见自己

见天地知敬畏而谦卑，见众生懂怜悯而宽容，见自己明归途而豁达。这些经历能使得企业家在面对复杂多变的市场环境时保持冷静和理性，带领企业走向成功。

（一）见天地：走出去观世界

人只有见识了世界的广阔，接触了不同的文化，才能形成新的世界观。如果马云不去美国学习，就不会知道互联网的广阔天地，那么也不会有今天的阿里巴巴；如果何享健不去日本、欧美学习，就不会了解事业部的管理模式，那么也不会有今天的美的。

"见天地"要求企业家要有战略思维能力，拥有广阔的视野。也就是说企业家不仅要关注自己领导的企业，还要关注整个行业的经济趋势。他们需要站在更高的角度，审视外部环境的变化，把握行业的发展方向，及时调整企业战略，确保企业在激烈的市场竞争中立于不败之地。

同时，"见天地"还意味着企业家要有超越自我的胸怀，以开放的心态接纳新事物、新思想。他们需要不断学习和成长，保持对新知识的渴望和对未知领域的探索，从而不断提升自己的认知水平和决策能力。

（二）见众生：目睹世间百态

目睹世间百态，了解世间疾苦，能让我们懂得怜悯与同情，学会宽容与包容。

"见众生"要求企业家关注员工、客户及社会的需求。企业家需要理解并尊重员工的价值和需求，激发员工的潜能和创造力，为员工提供良好的工作环境和发展机会。同时，他们还需要深入了解客户的需求和期望，提供高质量的产品和服务，以满足客户的期望并赢得客户的信任。

同时，"见众生"还意味着企业家要有社会责任感，积极参与社会公益事业，回馈社会。通过履行社会责任，企业家不仅能够树立良好的企业形象，还能够增强企业的凝聚力和向心力，推动企业的可持续发展。

（三）见自己：回首过往，审视内心

审视自己，会让我们变得豁达与从容。只有放下过去的执念与包袱，我们才能拥抱未来的无限可能。

"见自己"是企业家在成长过程中不断反思和自省的过程。他们需要清晰地认识自己的优势和不足，明确自己的价值观和人生目标，通过不断地自我审视和成长，不断提升自己的领导力和管理能力。

同时，"见自己"还要求企业家保持谦逊和低调的态度，不断学习和进步。他们需要保持对未知领域的敬畏之心，勇敢面对挑战和困难，不断突破自己的舒适区，实现个人和企业的共同成长。

"见天地、见众生、见自己"对于企业家而言，蕴含着深刻的人生哲理和经营智慧。它不仅是对个人成长的一种指引，也是企业家在经营管理过程中需要不断领悟和实践的哲学。

四、企业家的六种进阶：胆商、情商、智商、儒商、无为、无我

这六种进阶揭示了企业家在不同阶段需要具备的素质和能力。

（一）胆商

胆商是企业家在创业初期需要具备的冒险精神和决断能力。

比如汉高祖刘邦。在芒砀山路遇巨蟒时，众人四散逃避，而他奋勇向前，挥剑斩蛇，展现了自己超人的胆识，赢得众人的敬仰和追随，从而组建了自己的团队。

（二）情商

情商是企业家在管理团队和与人交往时需要具备的包容和知人善任的能力。

东汉末年的官渡之战中，在两军对峙期间，曹军的粮草即将耗尽，形势极为不利。此时，许攸前来投奔，曹操连鞋子都来不及穿，赤脚跑出大营迎接许攸，许攸大为感动，透露了袁绍军粮存放的位置。这一关键信息使曹军转败为胜。由此可见，情商，不仅可以改变自己的命运，还可以改变历史的轨迹。

（三）智商

智商是企业家在制定战略和决策时需要具备的学习力、判断力、思考力和创新力。例如，任正非、王传福、马化腾、比尔·盖茨、乔布斯、贝佐斯、马斯克等知名企业家的智商都超于常人，他们都通过技术、产品和模式创新，打造了各具特色的商业典范。

（四）儒商

儒商是指企业家在追求物质财富的同时也需要注重精神追求，学贯古今之学，深究天地之理，了悟仁心人性，在物质与精神互相融合促进中，求得平衡发展。

子贡是儒商最典型的代表。他富甲天下，却始终保持孔门学子的好学精神。孔子周游列国，子贡不仅全力资助，而且陪同前行。孔子去世后，大部分弟子都是守孝三年，只有子贡在孔子墓上修了草庐，守孝六年。为了让老师的思想传于后世，子贡投入了大量的人力、物力、财力。

司马迁都在《史记》中说："夫使孔子名布扬天下者，子贡先后之也。"

（五）无为

无为是指企业家在经营企业时需要遵循社会与经济发展规律，明大道通天理，顺应天地自然之次序，遵宇宙运行之规律。

（六）无我

无我是指企业家在达到一定高度时需要具备慈悲和智慧。

稻盛和夫，日本的商界巨擘，宛如一位洞察世事的世外高人。在长达半个多世纪的商业征途中，他亲手栽培了两棵"参天大树"——京瓷与 KDDI，在事业巅峰的辉煌时刻，他毅然决然功成身退，将个人的股份分发给员工。

他深知，经营企业的宏大愿景，绝不在于股东的财富积累，也不在于客户的满意程度，而在于将地球上有限的资源转化为大众需要的产品，为社会做出积极的贡献，更在于企业每一位员工及其家庭的幸福笑容。正是这份对社会、对员工福祉的深切关怀，让他在京瓷这片沃土上，播撒下"变形虫"组织的种子，打破了官僚层级的桎梏，让每个员工都释放出无尽的创新力与活力。

稻盛和夫，这位兼具大智慧与大格局的企业家，以其独特的人生哲学活出了真我境界，展现了无我风采。当得知自己罹患胃癌时，他面不改色，只是淡然一笑，似乎将这视为人生旅途中的一个小插曲。他放下检查报告，从容不迫地踏上演讲的征程，与企业家们分享智慧，与学员们畅谈人生，夜深人静，他独坐禅思，然后安然入睡，仿佛一切从未发生。

手术后不久，他便宣布退居幕后，放下一切社会职务，忘记曾经的辉煌与荣誉，全身心投入禅修与慈善事业之中。他像是一位行走的哲学家，将京瓷哲学的种子播撒到世界的每一个角落，希望更多的人能够领悟仁爱、利他和回报社会的真谛。面对世人的不解与疑惑，他坦然地说，京瓷之所以长盛不衰，是因为他们拥有远大的目标、坚定的经营哲学，并让企业与员工共同坚守。

稻盛和夫，这位商界中的修行人，用自己的一生诠释了何为真正的智慧与格局。

第七章

总结与讨论

一、总结

第一，基于定性与定量的数据分析，本书识别了中国情境下企业家格局的特征和构成维度。尽管人们在研究中国儒家传统文化与中国管理实践中普遍意识到企业家格局对组织管理实践有至关重要的影响，但人们对于何为企业家格局尚未进行清晰的界定。同时，本书借鉴战略领导力的相关研究，并结合对企业家的扎根分析，提炼了企业家格局的 9 个构成维度，分别是砥志研思、家国情怀、志存高远、虚怀若谷、共创共赢、胆识过人、处变不惊、信守承诺和眼光独到。

第二，本书结合战略领导力的研究文献，基于扎根研究提炼出企业家格局的概念维度，进而构建了企业家格局的系统理论框架。

第三，本书通过理论研究与实际案例结合的方式，探索了提升企业家格局的方法。

第四，本书深化了对中国情境下企业家格局的理解与认知，也扩展了战略领导力的分析框架，以期为中国情境下的管理实践改善提出有效建议。

二、理论贡献

本书系统分析了企业家格局的特征及其对企业绩效的影响，创造性地证实了在中国独特制度与文化背景下，企业家格局作为一种重要战略领导力对组织管理实践的重要价值。本书的理论贡献主要是：

运用扎根研究识别企业家格局的内涵与维度。长期以来，战略领导力的本土化研究一直是学术界关注的焦点，战略领导力的本土化研究不仅会极大扩展这一议题对管理实践的解释力，更为关键的是贡献中国管理知识的重要途径。中国历史上沉淀了丰富的政治、社会、经济管理经验和多种管理模式、领导模式，随着中国经济的快速崛起，采取本土视角对中国本土独特的战略领导力进行深入而系统的研究意义深远。相比于领导风格中极具本土标志性的"家长式领导"而言，对于本土战略领导力特质的研究基本是缺失的（曹仰锋、李平，2010）。本书基于理论分析与实践观察，形成了中国情境下企业家格局的概念和内涵，并系统开发了企业家格局的量表，为企业家格局的本土研究提供了重要的基础性工具。

现有关于企业家格局的研究仍然停留在理论思辨和概念呈现阶段，缺乏理论构念的提取、操作化以及概念架构的实证检验。本书基于中国独特的文化与制度背景与企业实践的现实状况，研究建立并验证了企业家格局的测量量表，为后续企业家格局的量化研究提供了测量工具，进一步为跨文化下战略领导力的比较研究奠定了基础，同时揭示了中西方战略领导力关注焦点的差异，为后续进行战略领导力的跨文化比较研究提供了指引。

三、实践启示

改革开放四十多年来，中国经济一直保持持续、快速增长，即使面对全球不确定性事件的冲击，中国经济仍然保持特有的韧性，其根本原因在于无数中国企业的快速成长，以及企业家所展现出的企业家精神。由大量企业成长所带来的经济效益被彭罗斯称为成长经济，它与规模经济最大的不同是：成长经济的显著特征之一是这些效益依赖于特定企业的生产性资源的特定集合，而且对这些资源所提供机会的利用也可以和企业的规模没什么相关。因此，增长经济效益存在于所有规模的企业，所以从企业的观点和整个经济的观点两方面来看，任何规模企业的成长都可以是对资源有效率的使用（Penrose，1959）。而企业追求成长的动力，可能并不是来自传统经济学所强调的外部竞争与内部需求，我们的研究更应该回归于对企业家的关注。本书立足于对企业家格局的研究，力图呈现企业家格局这一独特的战略领导力在企业成长过程中所扮演的至关重要的角色。对于管理实践而言，本书有两方面的价值：

第一，企业家需要重视培养格局。在创业与经营管理过程中，许多企业家往往将注意力集中在外部资源的获取上，而忽视了自身道德品质与格局的提升。随着市场化改革的逐步深入与制度环境的完善，企业的竞争将逐渐回归到企业家精神的竞争，即创新、担当与战略远见的比拼，而非对外部资源获取能力的追逐。与此同时，在全球经济不确定性增强的背景下，企业家格局的培养显得尤为重要。

第二，对于管理者的筛选，需要考虑其能力与行业环境的适配性。很多企业在遴选管理者时，往往都是以候选者先前的工作绩效为主要参考指标，而不是根据企业在现阶段的实际需要以及行业状况。这样就存在一个问题：胜选者可能过去拥有骄人的业绩，但是，他们的能力也许与企业当前的发展需要不相匹配。大量研究表明，企业的发展与行业所处的环境密切相关，在不同的行业环境中对管理者的个人能力需求存在差异，当行业环境存在复杂性、丰腴性与动态性多种特征动态组合的过程中，管理者需要在不同行业环境下扮演创建者、加速者、维持者、变革者等不同角色，相应的，对管理者个人能力的要求也会迥然不同。由此，在对管理者筛选的过程中，必须考虑行业环境的特点。

四、研究局限与展望

关于企业家格局的研究，我们还可以从以下三方面进行拓展。

第一，扩大样本选择范围，推广研究结论。当前本书的研究虽然参考相似研究主题文献规范制定了样本选取标准，基本满足研究设计对研究样本和研究方法的需求，但在实际调研中样本收集受到一定条件限制。从企业家格局特征的识别研究来看，二手数据的回溯性资料可能会存在一定的选择偏差：当前选择的案例企业都是大规模企业，缺乏中小规模企业案例，而大企业的管理模式与中小企业的管理模式存在一定的差异，这也导致基于大规模企业的管理者提炼出的企业家格局维度在对中小规模企业的解释力可能会下降，后续研究需要进一步扩大样本选择范围，对不同规模的企业的领导者进行更为细致深入的访谈，以此来丰富企业家格局的不同维度与内涵。另外，从实证研究的样本情况来看，本书的研究虽然结合了线上和线下途径收集数据，但受数据收集时间的限制，可能存在样本来源不够丰富的问题，而且实证分析的数据也主要是截面数据，尽管我们尝试通过多种方法来避免可能存在的一些计量分析问题（例如内生性问题、共同方法偏差），但并不能完全避免或消除这些问题对研究结果产生的干扰，未来的研究在条件允许的情况下可以尝试采用大规模的跟踪调查数据来进一步强化实证研究结论。

第二，丰富研究方法，从更多维度来剖析企业家格局对企业绩效的影响机制。未来的研究可以进一步采用纵向单案例或多案例研究方法

（Yin，1994）。通过纵向研究可以观察不同规模、不同生命发展周期的企业中企业家格局对企业绩效的影响，以得到更为系统和全面的结论。

第三，通过跨文化的比较研究来增强企业家格局这一概念的普适性与有效性。本书的研究基于中国文化背景下对企业家格局这一概念进行了深入系统研究，尽管该研究对特定文化群体的企业家行为和心理特征提供了有价值的洞察，但它并不能代表全球范围内不同文化背景下的企业家。跨文化的比较研究对于提高企业家格局概念和量表的有效性至关重要。不同文化背景之间存在着巨大的差异，包括价值观、宗教信仰、社会结构、经济制度等方面的差异，这些差异可能会对企业家格局产生重要影响。基于此，通过跨文化的比较研究，我们可以探索不同文化背景下的企业家格局的异同，从而更全面地理解企业家行为和心理特征的多样性。这种跨文化的比较有利于识别出文化因素对企业家格局的影响，并为如何强化和提升企业家领导力提供更精确、有效的指导。然而，跨文化的比较研究也存在一些挑战。不同文化之间存在语言、价值观、宗教信仰等方面的差异，可能需要在研究设计和数据收集过程中进行一些调整。此外，为了确保研究结果的准确性和可靠性，跨文化研究需要耗费更多的时间和资源，并需要展开跨文化交流。这也是未来企业家格局研究的一个重要方向。

参考文献

[1] 边燕杰，丘海雄.企业的社会资本及其功效［J］.中国社会科学，2000
（2）：87-99+207.

[2] 曹仰锋，李平.中国领导力本土化发展研究：现状分析与建议［J］.管理
学报，2010（11）：1704-1709.

[3] 陈晓萍，徐淑英，樊景立.组织与管理研究的实证方法［M］.北京：北京
大学出版社，2012.

[4] 杜传忠，郭树龙.经济转轨期中国企业成长的影响因素及其机理分析［J］.
中国工业经济，2012（11）：97-109.

[5] 杜运周，孙宁.构建中国特色的管理学理论体系：必要性、可行性与思路
［J］.管理学报，2022（6）：811-820+872.

[6] 樊景立，郑伯埙.华人组织的家长式领导：一项文化观点的分析［J］.本
土心理学研究，2000，13（1）：127-180.

[7] 何佳讯，葛佳烨，张凡.中国学者管理学研究的世界贡献：国际合作、前
沿热点与贡献路径——基于世界千种管理学英文期刊论文（2013～2019
年）的定量分析［J］.管理世界，2021，37（9）：36-67.

[8] 贺小刚，李新春.企业家能力与企业成长：基于中国经验的实证研究［J］.
经济研究，2005（10）：101-111.

[9] 胡望斌，张玉利，杨俊.同质性还是异质性：创业导向对技术创业团队与

新企业绩效关系的调节作用研究［J］.管理世界，2014（6）：92-109+187-188.

［10］蒋春燕，赵曙明.社会资本和公司企业家精神与绩效的关系：组织学习的中介作用——江苏与广东新兴企业的实证研究［J］.管理世界，2006（10）：90-99+171-172.

［11］李加鹏，吴蕊，杨德林.制度与创业研究的融合：历史回顾及未来方向探讨［J］.管理世界，2020，36（5）：204-219+19.

［12］李帅卫.儒家文化情境下伦理领导力养成与"君子式"管理建构［J］.领导科学，2021（10）：61-63.

［13］李涛，徐翔，孙硕.普惠金融与经济增长［J］.金融研究，2016（4）：1-16.

［14］李炜文.中国企业战略领导研究：机遇与挑战［J］.管理学季刊，2021，6（1）：36-48+163.

［15］李新春，韩剑，李炜文.传承还是另创领地？——家族企业二代继承的权威合法性建构［J］.管理世界，2015（6）：110-124+187-188.

［16］李新春，贺小刚，邹立凯.家族企业研究：理论进展与未来展望［J］.管理世界，2020，36（11）：207-229.

［17］李叶叶，唐宁玉.责任型领导研究：基于知识图谱的国内外研究对比分析［J］.管理科学，2022，35（4）：82-98.

［18］李正卫.动态环境条件下的组织学习与企业绩效［D］.杭州：浙江大学，2003.

［19］陆亚东，孙金云.中国企业成长战略新视角：复合基础观的概念、内涵与方法［J］.管理世界，2013（10）：106-117+141+187-188.

［20］彭罗斯.企业成长理论［M］.上海：上海人民出版社，2007.

［21］彭新敏.企业网络对技术创新绩效的作用机制研究：利用性—探索性学习

的中介效应［D］.杭州：浙江大学，2009.

［22］盛昭瀚，于景元.复杂系统管理：一个具有中国特色的管理学新领域［J］.管理世界，2021，37（6）：36-50+2.

［23］汪林，储小平，彭草蝶，岳磊.家族角色日常互动对家长式领导发展的溢出机制研究——基于家族企业高管团队日志追踪的经验证据［J］.管理世界，2020，36（8）：98-110.

［24］王可迪，涂维加，霍宝锋.供应链领导力：文献综述与研究展望［J］.外国经济与管理，2022，44（6）：110-134.

［25］王满四，霍宁，周翔.数字品牌社群的价值共创机理研究——基于体验主导逻辑的视角［J］.南开管理评论，2021，24（3）：92-103.

［26］杨典.公司治理与企业绩效——基于中国经验的社会学分析［J］.中国社会科学，2013（1）：72-94+206.

［27］杨其静.企业成长：政治关联还是能力建设？［J］.经济研究，2011，46（10）：54-66+94.

［28］于桂兰，姚军梅，张蓝戈.家长式领导、员工信任及工作绩效的关系研究［J］.东北师大学报（哲学社会科学版），2017（2）：125-129.

［29］于晓宇，李雅洁，陶向明.创业拼凑研究综述与未来展望［J］.管理学报，2017，14（2）：306-316.

［30］张维迎，周黎安，顾全林.高新技术企业的成长及其影响因素：分位回归模型的一个应用［J］.管理世界，2005（10）：94-101+112+172.

［31］张新安，何惠，顾锋.家长式领导行为对团队绩效的影响：团队冲突管理方式的中介作用［J］.管理世界，2009（3）：121-133.

［32］张燕.战略领导力研究：最近20年的进展与未来研究方向［J］.管理学季刊，2021，6（1）：1-15+160.

［33］张镒，刘人怀，陈海权.商业生态系统中的平台领导力影响因素——基于

扎根理论的探索性研究［J］.南开管理评论，2020，23（3）：28-38+131.

［34］郑伯埙.差序格局与华人组织行为［J］.本土心理学研究，1995（3）：142-219.

［35］周冬梅，陈雪琳，杨俊，鲁若愚.创业研究回顾与展望［J］.管理世界，2020，36（1）：206-225+243.

［36］周京奎，黄征学.住房制度改革、流动性约束与"下海"创业选择——理论与中国的经验研究［J］.经济研究，2014，49（3）：158-170.

［37］周泽将，王浩然，修宗峰.积极构建中国特色管理学理论体系——基于NSFC管理科学A类期刊刊文（2013～2020年）的分析［J］.管理世界，2021，37（9）：57-77.

［38］朱洪泉.继往开来：评《战略领导力研究：最近20年的进展和未来研究方向》［J］.管理学季刊，2021，6（1）：16-25+161.

［39］Acemoglu D，García-Jimeno C，Robinson J A. State capacity and economic development：A network approach［J］. American Economic Review，2015，105（8）：2364-2409.

［40］Adner R，Levinthal D A. What is not a real option：Considering boundaries for the application of real options to business strategy［J］. Academy of Management Review，2004，29（1）：74-85.

［41］Aguilera R V，Jackson G.Comparative and international corporate governance［J］. Academy of Management Annals，2010，4（1）：485-556.

［42］Aldrich H E，Fiol C M. Fools rush in? The institutional context of industry creation［J］. Academy of Management Review，1994，19（4）：645-670.

［43］Alvarez S A，Barney J B. Entrepreneurial opportunities and poverty alleviation［J］.Entrepreneurship Theory and Practice，2014，38（1）：159-184.

［44］ Alvarez S A, Busenitz L W. The entrepreneurship of resource-based theory ［J］. Journal of Management, 2001, 27（6）: 755-775.

［45］ Alzamora-Ruiz J, Fuentes-Fuentes M M, Martinez-Fiestas M. Effectuation or causation to promote innovation in technology-based SMEs? The effects of strategic decision-making logics ［J］. Technology Analysis & Strategic Management, 2021, 33（7）: 797-812.

［46］ Anand S, Hu J, Liden R C, et al. Leader-member exchange: Recent research findings and prospects for the future ［J］. The Sage Handbook of Leadership, 2011, 311-325.

［47］ Antonakis J, Avolio B J, Sivasubramaniam N. Context and leadership: An examination of the nine-factor full-range leadership theory using the Multifactor Leadership Questionnaire ［J］. The Leadership Quarterly, 2003, 14（3）: 261-295.

［48］ Arend R J, Sarooghi H, Burkemper A. Effectuation as ineffectual?Applying the 3E theory-assessment framework to a proposed new theory of entrepreneurship ［J］. Academy of Management Review, 2015, 40（4）: 630-651.

［49］ Ault J K, Spicer A. State fragility as a multi-dimensional construct for international entrepreneurship research and practice ［J］. Asia Pacific Journal of Management, 2020, 37（4）: 981-1011.

［50］ Autio E, Kenney M, Mustar P, et al. Entrepreneurial innovation: The importance of context ［J］. Research Policy, 2014, 43（7）: 1097-1108.

［51］ Avolio B J, Gardner W L, Walumbwa F O, et al. Unlocking the mask: A look at the process by which authentic leaders impact follower attitudes and behaviors ［J］. The Leadership Quarterly, 2004, 15（6）: 801-823.

[52] Baker T, Nelson R E. Creating something from nothing: Resource construction through entrepreneurial bricolage [J]. Administrative Science Quarterly, 2005, 50 (3): 329-366.

[53] Banerjee A V, Duflo E. The economic lives of the poor [J]. Journal of Economic Perspectives, 2007, 21 (1): 141-168.

[54] Banks G C, McCauley K D, Gardner W L, et al. A meta-analytic review of authentic and transformational leadership: A test for redundancy [J]. The Leadership Quarterly, 2016, 27 (4): 634-652.

[55] Baron R A. Effectual versus predictive logics in entrepreneurial decision making: Differences between experts and novices: Does experience in starting new ventures change the way entrepreneurs think?Perhaps, but for now, "Caution" is essential [J]. Journal of Business Venturing, 2009, 24 (4): 310-315.

[56] Bartunek J M, Gordon J R, Weathersby R P. Developing "complicated" under standing in administrators [J]. Academy of Management Review, 1983, 8 (2): 273-284.

[57] Bass B M. Leadership and performance beyond expectations [J]. New York: Free Press, 1985.

[58] Benitez J, Arenas A, Castillo A, et al. Impact of digital leadership capability on innovation performance: The role of platform digitization capability [J]. Information & Management, 2022.

[59] Berends H, Jelinek M, Reymen I, et al. Product innovation processes in small firms: Combining entrepreneurial effectuation and managerial causation [J]. Journal of Product Innovation Management, 2014, 31 (3): 616-635.

[60] Bergh D D, Aguinis H, Heavey C, et al. Using meta - analytic structural

equation modeling to advance strategic management research: Guidelines and an empirical illustration via the strategic leadership‐performance relationship [J]. Strategic Management Journal, 2016, 37 (3): 477-497.

[61] Besharov M L, Smith W K. Multiple institutional logics in organizations: Explaining their varied nature and implications [J]. Academy of Management Review, 2014, 39 (3): 364-381.

[62] Beugelsdijk S, McCann P, Mudambi R. Introduction: Place, space and organization-economic geography and the multinational enterprise [J]. Journal of Economic Geography, 2010, 10 (4): 485-493.

[63] Blauth M, Mauer R, Brettel M. Fostering creativity in new product development through entrepreneurial decision making [J]. Creativity and Innovation Management, 2014, 23 (4): 495-509.

[64] Boal K B, Hooijberg R. Strategic leadership research: Moving on [J]. The Leadership Quarterly, 2000, 11 (4): 515-549.

[65] Bock A J, Opsahl T, George G, et al. The effects of culture and structure on strategic flexibility during business model innovation [J]. Journal of Management Studies, 2012, 49 (2): 279-305.

[66] Boddewyn J J, Brewer T L. International-business political behavior: New theoretical directions [J]. Academy of Management Review, 1994, 19 (1): 119-143.

[67] Bouckenooghe D, Zafar A, Raja U. How ethical leadership shapes employees' job performance: The mediating roles of goal congruence and psychological capital [J]. Journal of Business Ethics, 2015, 129 (2): 251-264.

[68] Bourdieu P. The forms of capital [M]. New York: Greenwood Press, 1986.

［69］Branstetter L, Lima F, Taylor L J, et al. Do entry regulations deter entrepreneurship and job creation? Evidence from recent reforms in Portugal ［J］. The Economic Journal, 2014, 124（577）: 805-832.

［70］Brettel M, Mauer R, Engelen A, et al. Corporate effectuation: Entrepreneurial action and its impact on R&D project performance ［J］. Journal of Business Venturing, 2012, 27（2）: 167-184.

［71］Brews P J, Hunt M R. Learning to plan and planning to learn: Resolving the planning school/learning school debate ［J］. Strategic Management Journal, 1999, 20（10）: 889-913.

［72］Brockman P, El Ghoul S, Guedhami O, et al. Does social trust affect international contracting?Evidence from foreign bond covenants ［J］. Journal of International Business Studies, 2020, 53（6）: 1-34.

［73］Bromiley P, Rau D. Social, behavioral, and cognitive influences on upper echelons during strategy process: A literature review ［J］. Journal of Management, 2016, 42（1）: 174-202.

［74］Brown J S, Duguid P. Organizational learning and communities-of-practice: Toward a unified view of working, learning, and innovation ［J］. Organization Science, 1991, 2（1）: 40-57.

［75］Brown M E, Treviño L K, Harrison D A. Ethical leadership: A social learning perspective for construct development and testing ［J］. Organizational Behavior and Human Decision Processes, 2005, 97（2）: 117-134.

［76］Busenitz L W, Gomez C, Spencer J W. Country institutional profiles: Unlocking entrepreneurial phenomena ［J］. Academy of Management Journal, 2000, 43（5）: 994-1003.

[77] Cardon M S, Gregoire D A, Stevens C E, et al. Measuring entrepreneurial passion: Conceptual foundations and scale validation [J]. Journal of Business Venturing, 2013, 28 (3): 373-396.

[78] Carter S M, Greer C R. Strategic leadership: Values, styles, and organizational performance [J] Journal of Leadership & Organizational Studies, 2013.

[79] Centola D, Macy M. Complex contagions and the weakness of long ties [J]. American Journal of Sociology, 2007.

[80] Chan S C H, Huang X, Snape E, et al. The Janus face of paternalistic leaders: Authoritarianism, benevolence, subordinates' organization - based self - esteem, and performance [J]. Journal of Organizational Behavior, 2012, 34 (1): 108-128.

[81] Chandler G N, DeTienne D R, McKelvie A, et al. Causation and effectuation processes: A validation study [J]. Journal of Business Venturing, 2011, 26 (3): 375-390.

[82] Chatterjee A, Hambrick D C. It's all about me: Narcissistic chief executive officers and their effects on company strategy and performance [J]. Administrative Science Quarterly, 2007, 52 (3): 351-386.

[83] Chen H, Xu Q. Synergy of Effectuation and Causation: An Emotional Complexity Perspective [J].Frontiers in Psychology, 2022.

[84] Chen Y, Friedman R, Yu E, et al. Examining the positive and negative effects of guanxi practices: A multi-level analysis of guanxi practices and procedural justice perceptions [J]. Asia Pacific Journal of Management, 2011.

[85] Cheng B S, Boer D, Chou L F, et al. Paternalistic leadership in four East

Asian societies: Generalizability and cultural differences of the triad model [J]. Journal of Cross-Cultural Psychology, 2014, 45 (1): 82-90.

[86] Chiang T J, Chen X P, Liu H, et al. We have emotions but can't show them! Authoritarian leadership, emotion suppression climate, and team performance [J].Human Relations, 2021, 74 (7): 1082-1111.

[87] Child J. Organizational structure, environment and performance: The role of strategic choice [J].Sociology, 1972, 6 (1): 1-22.

[88] Chowdhury F, Audretsch D B, Belitski M. Institutions and entrepreneurship quality [J].Entrepreneurship Theory and Practice, 2019, 43 (1): 51-81.

[89] Coviello N E, Joseph R M. Creating major innovations with customers: Insights from small and young technology firms [J]. Journal of Marketing, 2012, 76 (6): 87-104.

[90] Crossland C, Hambrick D C. How national systems differ in their constraints on corporate executives: A study of CEO effects in three countries [J]. Strategic Management Journal, 2007, 28 (8): 767-789.

[91] Dean J W, Sharfman M P. Does decision process matter?A study of strategic decision-making effectiveness [J]. Academy of Management Journal, 1996, 39 (2): 368-392.

[92] Delmar F, Shane S. Does business planning facilitate the development of new ventures? [J].Strategic Management Journal, 2003, 24 (12): 1165-1185.

[93] Dess G G, Beard D W. Dimensions of organizational task environments [J]. Administrative Science Quarterly, 1984, 29 (1): 52-73.

[94] Dew N, Read S, Sarasvathy S D, et al. Effectual versus predictive logics in entrepreneurial decision-making: Differences between experts and novices [J]. Journal of Business Venturing, 2009, 24 (4): 287-309.

［95］DiMaggio P J, Powell W W. The iron cage revisited: Institutional isomorphism and collective rationality in organizational fields［J］. American Sociological Review, 1983, 48（2）: 147-160.

［96］Dutt N, Hawn O, Vidal E, et al. How open system intermediaries address institutional failures: The case of business incubators in emerging-market countries［J］. Academy of Management Journal, 2016, 59（3）: 818-840.

［97］Eckhardt J T, Shane S A. Opportunities and entrepreneurship［J］. Journal of Management, 2003, 29（3）: 333-349.

［98］Eisenhardt K M, Bourgeois L J. Politics of strategic decision making in high-velocity environments: Toward a midrange theory［J］. Academy of Management Journal, 1988, 31（4）: 737-770.

［99］Elenkov D S, Judge W, Wright P. Strategic leadership and executive innovation influence: an international multi - cluster comparative study［J］. Strategic Management Journal, 2005, 26（7）: 665-682.

［100］Engelen A, Gupta V, Strenger L, et al. Entrepreneurial orientation, firm performance, and the moderating role of transformational leadership behaviors［J］. Journal of Management, 2015, 41（4）: 1069-1097.

［101］Erben G S, Güneşer A B. The relationship between paternalistic leadership and organizational commitment: Investigating the role of climate regarding ethics［J］. Journal of Business Ethics, 2008, 82（4）: 955-968.

［102］Eseryel U Y, Crowston K, Heckman R. Functional and visionary leadership in self-managing virtual teams［J］. Group & Organization Management, 2021, 46（2）: 424-460.

［103］Eyana S M, Masurel E, Paas L J. Causation and effectuation behaviour of Ethiopian entrepreneurs: Implications on performance of small tourism firms [J]. Journal of Small Business and Enterprise Development, 2017.

[104] Faccio M, Marchica M T, Mura R. CEO gender, corporate risk-taking, and the efficiency of capital allocation [J]. Journal of Corporate Finance, 2016, 39: 193-209.

[105] Ferrier W J. Navigating the competitive landscape: The drivers and consequences of competitive aggressiveness [J]. Academy of Management Journal, 2001, 44 (4): 858-877.

[106] Fiedler F E. Validation and extension of the contingency model of leadership effectiveness: A review of empirical findings [J]. Psychological Bulletin, 1971, 76 (2): 128.

[107] Fleishman E A. The description of supervisory behavior [J]. Journal of Applied Psychology, 1953, 37 (1): 1.

[108] Fredrickson J W, Iaquinto A L. Inertia and creeping rationality in strategic decision processes [J]. Academy of Management Journal, 1989, 32 (3): 516-542.

[109] Fredström A, Peltonen J, Wincent J. A country-level institutional perspective on entrepreneurship productivity: The effects of informal economy and regulation [J]. Journal of Business Venturing, 2021.

[110] Fu P P, Tsui A S. Utilizing printed media to understand desired leadership attributes in the People's Republic of China [J]. Asia Pacific journal of Management, 2003, 20 (4): 423-446.

[111] Gabrielsson J, Politis D. Career motives and entrepreneurial decision-making: examining preferences for causal and effectual logics in the early stage of new ventures [J]. Small Business Economics, 2011, 36 (3): 281-298.

［112］ Gao R, Hu H W, Yoshikawa T. Attraction versus competition: A tale of two similarity effects in director selection of Chinese firms ［J］. Asia Pacific Journal of Management, 2022.

［113］ Gardner W L, Cogliser C C, Davis K M, et al. Authentic leadership: A review of the literature and research agenda ［J］. The Leadership Quarterly, 2011, 22（6）: 1120-1145.

［114］ Gardner W L, Fischer D, Hunt J G J. Emotional labor and leadership: A threat to authenticity?［J］. The Leadership Quarterly, 2009, 20（3）: 466-482.

［115］ Gibb A A. Small firms' training and competitiveness. Building upon the small business as a learning organisation ［J］. International Small Business Journal, 1997, 15（3）: 13-29.

［116］ Gigerenzer G, Gaissmaier W. Heuristic decision making ［J］. Annual Review of Psychology, 2011, 62（1）: 451-482.

［117］ Gómez-Mejía L R, Haynes K T, Núñez-Nickel M, et al. Socioemotional wealth and business risks in family-controlled firms: Evidence from Spanish olive oil mills ［J］. Administrative Science Quarterly, 2007, 52（1）: 106-137.

［118］ Graen G B, Uhl-Bien M. Relationship-based approach to leadership: Development of leader-member exchange（LMX）theory of leadership over 25 years: Applying a multi-level multi-domain perspective ［J］. The Leadership Quarterly, 1995, 6（2）: 219-247.

［119］ Graf-Vlachy L, Bundy J, Hambrick D C. Effects of an advancing tenure on CEO cognitive complexity ［J］. Organization Science, 2020, 31（4）: 936-959.

［120］Granovetter M. Economic action and social structure: the problem of embededness ［J］. American Journal of Sociology, 1985, 91（3）.

［121］Greenwood R, Díaz A M, Li S X, et al. The multiplicity of institutional logics and the heterogeneity of organizational responses ［J］. Organization Science, 2010, 21（2）: 521-539.

［122］Grégoire D A, Cherchem N. A structured literature review and suggestions for future effectuation research ［J］. Small Business Economics, 2020, 54（3）: 621-639.

［123］Hambrick D C, Finkelstein S. Managerial discretion: A bridge between polar views of organizational outcomes ［J］. Research in Organizational Behavior, 1987.

［124］Hambrick D C, Mason P A. Upper echelons: The organization as a reflection of its top managers ［J］. Academy of Management Review, 1984, 9（2）: 193-206.

［125］Hambrick D C, Quigley T J. Toward more accurate contextualization of the CEO effect on firm performance ［J］.Strategic Management Journal, 2014, 35（4）: 473-491.

［126］Hambrick D C. Upper echelons theory: An update ［J］. Academy of Management Review, 2007, 32（2）: 334-343.

［127］Hannan M T, Freeman J. The population ecology of organizations ［J］. American Journal of Sociology, 1977, 82（5）: 929-964.

［128］Hedberg L M, Lounsbury M. Not just small potatoes: Cultural entrepreneurship in the moralizing of markets ［J］. Organization Science, 2021, 32（2）: 433-454.

［129］Henderson A D, Miller D, Hambrick D C. How quickly do CEOs become obsolete? Industry dynamism, CEO tenure, and company performance [J] .Strategic Management Journal, 2006, 27 (5): 447-460.

[130] Henisz W J. Politics and international investment: Measuring risks and protecting profits [M] . Cheltenham: Edward Elgar Publishing, 2002.

[131] Hillman A J, Hitt M A. Corporate political strategy formulation: A model of approach, participation, and strategy decisions [J] . Academy of Management Review, 1999, 24 (4): 825-842.

[132] Hoang H, Antoncic B. Network-based research in entrepreneurship: A critical review [J] . Journal of Business Venturing, 2003, 18 (2): 165-187.

[133] Hofstede G. Motivation, leadership, and organization: do American theories apply abroad? [J] .Organizational Dynamics, 1980, 9 (1): 42-63.

[134] Hollander E P, Julian J W. Contemporary trends in the analysis of leadership processes [J] . Psychological Bulletin, 1969, 71 (5): 387.

[135] House R J. A path goal theory of leader effectiveness [J] . Administrative Science Quarterly, 1971.

[136] Hwang H, Powell W W. Handbook of entrepreneurship research [J] . International Small Business Journal, 2005.

[137] Inkpen A C, Tsang E W K. Social capital, networks, and knowledge transfer [J] . Academy of Management Review, 2005, 30 (1): 146-165.

[138] Ireland R D, Hitt M A, Sirmon D G. A model of strategic entrepreneurship: The construct and its dimensions [J] . Journal of Management, 2007, 29 (6): 963-989.

［139］Jafari-Sadeghi V, Garcia-Perez A, Candelo E, et al. Exploring the impact of digital transformation on technology entrepreneurship and technological market expansion: The role of technology readiness, exploration and exploitation ［J］. Journal of Business Research, 2021, 124: 100-111.

［140］Jansen J J P, Van, Den, Bosch F A J, Volberda H W. Exploratory innovation, exploitative innovation, and performance: Effects of organizational antecedents and environmental moderators ［J］.Management Science, 2006, 52（11）: 1661-1674.

［141］Jenkins W O. A review of leadership studies with particular reference to military problems ［J］. Psychological Bulletin, 1947, 44（1）: 54.

［142］Jensen S M, Luthans F. Relationship between entrepreneurs' psychological capital and their authentic leadership ［J］. Journal of Managerial Issues, 2006.

［143］Judge T A, Bono J E, Ilies R, et al. Personality and leadership: a qualitative and quantitative review ［J］. Journal of Applied Psychology, 2002, 87（4）: 765.

［144］Judge W Q, Miller A. Antecedents and outcomes of decision speed in different environmental context ［J］. Academy of Management Journal, 1991, 34（2）: 449-463.

［145］Katz D, Kahn R L. Organizations and the system concept ［J］. Classics of Organization Theory, 1978, 80: 480.

［146］Katz J, Gartner W B. Properties of emerging organizations ［J］. Academy of Management Review, 1988, 13（3）: 429-441.

［147］Kernis M H, Goldman B M. A multicomponent conceptualization of authenticity: Theory and research ［J］. Advances in Experimental Social

Psychology, 2006, 38: 283-357.

[148] Kerr S, Schriesheim C A, Murphy C J, et al. Toward a contingency theory of leadership based upon the consideration and initiating structure literature [J]. Organizational Behavior and Human Performance, 1974, 12 (1): 62-82.

[149] King T, Srivastav A, Williams J. What's in an education? Implications of CEO education for bank performance [J]. Journal of Corporate Finance, 2016, 37: 287-308.

[150] Kirzner I. .Competition and entrepeneurship [M]. Chicago: University of Chicago Press, 1973.

[151] Kiss A N, Danis W M. Social networks and speed of new venture internationalization during institutional transition: A conceptual model [J]. Journal of International Entrepreneurship, 2010, 8 (3): 273-287.

[152] Kogut B, Zander U. What firms do? Coordination, identity, and learning [J]. Organization Science, 1996, 7 (5): 502-518.

[153] Krause R, Li W, Ma X, et al. The board chair effect across countries: An institutional view [J].Strategic Management Journal, 2019, 40 (10): 1570-1592.

[154] Laine I, Galkina T. The interplay of effectuation and causation in decision making: Russian SMEs under institutional uncertainty [J]. International Entrepreneurship and Management Journal, 2017, 13 (3): 905-941.

[155] Li G, Li L, Choi T M, et al. Green supply chain management in Chinese firms: Innovative measures and the moderating role of quick response technology [J]. Journal of Operations Management, 2019, 66 (7-8): 958-988.

[156] Li H. Atuahene-Gima K. Product innovation strategy and the performance of new technology ventures in China [J]. Academy of Management Journal, 2001, 44 (6): 1123-1134.

[157] Li W, Au K Y, He A, et al. Why do family-controlled firms donate to charity? The role of intrafamily succession intention, social status, and religiosity [J]. Management and Organization Review, 2015, 11 (4): 621-644.

[158] Liu D, Liao H, Loi R. The dark side of leadership: A three-level investigation of the cascading effect of abusive supervision on employee creativity [J]. Academy of Management Journal, 2012, 55 (5): 1187-1212.

[159] Lord R G, De Vader C L, Alliger G. M. A meta-analysis of the relation between personality traits and leadership perceptions: An application of validity generalization procedures [J]. Journal of Applied Psychology, 1986, 71 (3): 402.

[160] Luciano M M, Nahrgang J D, Shropshire C. Strategic leadership systems: Viewing top management teams and boards of directors from a multiteam systems perspective [J]. Academy of Management Review, 2020, 45 (3): 675-701.

[161] Mackey J D, Frieder R E, Brees J R, et al. Abusive supervision: A meta-analysis and empirical review [J]. Journal of Management, 2017, 43 (6): 1940-1965.

[162] Mahmood I P, Rufin, C. Government's dilemma: The role of government in imitation and innovation [J]. Academy of Management Review, 2005, 30 (2): 338-360.

［163］Mair J, Marti I, Ventresca M J. Building inclusive markets in rural Bangladesh: How intermediaries work institutional voids ［J］. Academy of Management Journal, 2012, 55（4）: 819-850.

［164］Mair J, Marti I. Entrepreneurship in and around institutional voids: A case study from Bangladesh ［J］. Journal of Business Venturing, 2009, 24 （5）: 419-435.

［165］Makhija M V, Stewart A C. The effect of national context on perceptions of risk: A comparison of planned versus free-market managers ［J］. Journal of International Business Studies, 2002, 33（4）: 737-756.

［166］Malhotra S, Harrison J S. A blessing and a curse: How chief executive officer cognitive complexity influences firm performance under varying industry conditions ［J］.Strategic Management Journal, 2022, 13（43）: 2809-2828.

［167］Mann R D. A review of the relationships between personality and performance in small groups ［J］. Psychological Bulletin, 1959, 56（4）: 241.

［168］Manolova T S, Eunni R V, Gyoshev B S. Institutional environments for entrepreneurship: Evidence from emerging economies in Eastern Europe ［J］.Entrepreneurship Theory and Practice, 2008, 32（1）: 203-218.

［169］Martin R, Thomas G, Legood A, et al. Leader–member exchange（LMX） differentiation and work outcomes: Conceptual clarification and critical review ［J］. Journal of Organizational Behavior, 2018, 39（2）: 151-168.

［170］Martinko M J, Harvey P, Brees J R, et al. A review of abusive supervision research ［J］. Journal of Organizational Behavior, 2013, 34（1）: 120-

137.

[171] Mayer D M, Kuenzi M, Greenbaum R, et al. How low does ethical leadership flow? Test of a trickle-down model [J]. Organizational Behavior and Human Decision Processes, 2009, 108 (1): 1-13.

[172] McFadyen M A, Cannella Jr A A. Social capital and knowledge creation: Diminishing returns of the number and strength of exchange relationships [J]. Academy of Management Journal, 2004, 47 (5): 735-746.

[173] McMullen J S, Bagby D R, Palich L E. Economic freedom and the motivation to engage in entrepreneurial action [J].Entrepreneurship Theory and Practice, 2008, 32 (5): 875-895.

[174] Meuser J D, Gardner W L, Dinh J E, et al. A network analysis of leadership theory: The infancy of integration [J]. Journal of Management, 2016, 42 (5): 1374-1403.

[175] Mintzberg H, Waters J A. Of strategies, deliberate and emergent [J]. Strategic Management Journal, 1985, 6 (3): 257-272.

[176] Nadkarni S, Narayanan V K. Strategic schemas, strategic flexibility, and firm performance: The moderating role of industry clockspeed [J]. Strategic Management Journal, 2007, 28 (3): 243-270.

[177] Nahapiet J, Ghoshal S. Social capital, intellectual capital, and the organizational advantage [J]. Academy o f Management Review, 1998, 23 (2): 242-266.

[178] Nason R S, Wiklund J. An assessment of resource-based theorizing on firm growth and suggestions for the future [J]. Journal of Management, 2018, 44 (1): 32-60.

[179] Neely B H, Lovelace J B, Cowen A P, et al. Metacritiques of upper

echelons theory: Verdicts and recommendations for future research [J].
Journal of Management, 2020, 46 (6): 1029-1062.

[180] Ng T W H. Transformational leadership and performance outcomes:
Analyses of multiple mediation pathways [J]. The Leadership Quarterly,
2017, 28 (3): 385-417.

[181] Nickerson J A, Zenger T R. A knowledge-based theory of the firm-The
problem-solving perspective [J]. Organization Science, 2004, 15 (6):
617-632.

[182] Nunnally J C. An overview of psychological measurement [M] //Benjamin
B. Wolman. Clinical Diagnosis of Mental Disorders. New York: Springer
US, 1978: 97-146.

[183] Nunnally J C. Psychometric theory 3E [M]. New York: Tata McGraw-hill
education, 1994.

[184] Nutt P C, Backoff R W. Crafting vision [J]. Journal of Management
Inquiry, 1997, 6 (4): 308-328.

[185] O'Brien D, Sharkey Scott P, Andersson U, et al. The microfoundations
of subsidiary initiatives: How subsidiary manager activities unlock
entrepreneurship. Global Strategy Journal, 2019, 9 (1): 66-91.

[186] Ocasio W. Attention to attention [J]. Organization Science, 2011, 22
(5): 1286-1296.

[187] Ocasio W. Towards an attention - based view of the firm [J].Strategic
Management Journal, 1997, 18 (S1): 187-206.

[188] Oliveira T, Thomas M, Espadanal M. Assessing the determinants of cloud
computing adoption: An analysis of the manufacturing and services sectors
[J]. Information & Management, 2014, 51 (5): 497-510.

［189］Oliver C. Strategic responses to institutional processes［J］. Academy of Management Review, 1991, 16（1）: 145-179.

［190］Ostgaard T A, Birley S. New venture growth and personal networks［J］. Journal of Business Research, 1996, 36（1）: 37-50.

［191］Palich L E, Cardinal L B, Miller C C. Curvilinearity in the diversification-performance linkage: an examination of over three decades of research［J］. Strategic Management Journal, 2000, 21（2）: 155-174.

［192］Pan Y, Verbeke A, Yuan W. CEO transformational leadership and corporate entrepreneurship in China［J］. Management and Organization Review, 2021, 17（1）: 45-76.

［193］Park S H, Luo Y. Guanxi and organizational dynamics: Organizational networking in Chinese firms［J］.Strategic Management Journal, 2001, 22（5）: 455-477.

［194］Pellegrini E K, Scandura T A, Jayaraman V. Cross-cultural generalizability of paternalistic leadership: An expansion of leader-member exchange theory［J］. Group & Organization Management, 2010, 35（4）: 391-420.

［195］Peng M W, Heath P S. The growth of the firm in planned economies in transition: Institutions, organizations, and strategic choice［J］. Academy of Management Review, 1996, 21（2）: 492-528.

［196］Peng X B, Liu Y L, Jiao Q Q, et al. The nonlinear effect of effectuation and causation on new venture performance: The moderating effect of environmental uncertainty［J］. Journal of Business Research, 2020, 117: 112-123.

［197］Perry J T, Chandler G N, Markova G. Entrepreneurial effectuation: a review and suggestions for future research［J］.Entrepreneurship Theory and Practice, 2012, 36（4）: 837-861.

[198] Pfeffer J, Sutton R I. Hard facts, dangerous half-truths, and total nonsense: Profiting from evidence-based management [M].Boston: Harvard Business School Press, 2006.

[199] Podsakoff P M, MacKenzie S B, Podsakoff N P. Sources of method bias in social science research and recommendations on how to control it [J]. Annual Review of Psychology, 2012, 63（1）: 539-569.

[200] Reagans R, McEvily B. Network structure and knowledge transfer: The effects of cohesion and range [J]. Administrative Science Quarterly, 2003, 48（2）: 240-267.

[201] Reed R, DeFillippi R J. Causal ambiguity, barriers to imitation, and sustainable competitive advantage [J]. Academy of Management Review, 1990, 15（1）: 88-102.

[202] Reymen I M M J, Andries P, Berends H, et al. Understanding dynamics of strategic decision making in venture creation: a process study of effectuation and causation [J]. Strategic Entrepreneurship Journal, 2015, 9（4）: 351-379.

[203] Reymen I, Berends H, Oudehand R, et al. Decision making for business model development: a process study of effectuation and causation in new technology - based ventures [J]. R&D Management, 2017, 47（4）: 595-606.

[204] Rothaermel F T, Alexandre M T. Ambidexterity in technology sourcing: The moderating role of absorptive capacity [J]. Organization Science, 2009, 20（4）: 759-780.

[205] Samuelsson M, Davidsson P. Does venture opportunity variation matter?

Investigating systematic process differences between innovative and imitative new ventures [J]. Small Business Economics, 2009, 33 (2): 229-255.

[206] Sarasvathy S D, Dew N, Read S, et al. Designing organizations that design environments: Lessons from entrepreneurial expertise [J]. Organization Studies, 2008, 29 (3): 331-350.

[207] Sarasvathy S D, Dew N. New market creation through transformation [J]. Journal of Evolutionary Economics, 2005, 15 (5): 533-565.

[208] Sarasvathy S D. Causation and effectuation: Toward a theoretical shift from economic inevitability to entrepreneurial contingency [J]. Academy of Management Review, 2001, 26 (2): 243-263.

[209] Schaubroeck J M, Shen Y, Chong S. A dual-stage moderated mediation model linking authoritarian leadership to follower outcomes [J]. Journal of Applied Psychology, 2017, 102 (2): 203.

[210] Scheaf D J, Davis B C, Webb J W, et al. Signals' flexibility and interaction with visual cues: Insights from crowdfunding [J]. Journal of Business Venturing, 2018, 33 (6): 720-741.

[211] Schriesheim C A, Hinkin T R. Influence tactics used by subordinates: A theoretical and empirical analysis and refinement of the Kipnis, Schmidt, and Wilkinson subscales [J]. Journal of Applied Psychology, 1990, 75 (3): 246.

[212] Schumpeter J A, Nichol A J. Robinson's economics of imperfect competition [J]. Journal of Political Economy, 1934, 42 (2): 249-259.

[213] Shamir B, Eilam G. "What's your story?" A life-stories approach to authentic leadership development [J]. The Leadership Quarterly, 2005, 16 (3): 395-417.

［214］Shane S A. A general theory of entrepreneurship： The individual-opportunity nexus ［M］. Edward Elgar Publishing, 2003.

［215］Shane S, Venkataraman S. The promise of entrepreneurship as a field of research ［J］. Academy of Management Review, 2000, 25（1）: 217-226.

［216］Shinkle G A, Kriauciunas A P. The impact of current and founding institutions on strength of competitive aspirations in transition economies ［J］.Strategic Management Journal, 2012, 33（4）: 448-458.

［217］Siddique C M, Siddique H F, Siddique S U. Linking authoritarian leadership to employee organizational embeddedness, LMX and performance in a high-power distance culture: a mediation-moderated analysis ［J］. Journal of Strategy and Management, 2020, 13（3）: 393-411.

［218］Simon H A. The structure of ill structured problems ［J］. Artificial Intelligence, 1973.

［219］Simsek Z, Jansen J J P, Minichilli A, et al. Strategic leadership and leaders in entrepreneurial contexts: A nexus for innovation and impact missed? ［J］. Journal of Management Studies, 2015, 52（4）: 463-478.

［220］Snowden D J, Boone M E. A leader's framework for decision making ［J］. Harvard Business Review, 2007, 85（11）: 68.

［221］Sonenshein S. How organizations foster the creative use of resources ［J］. Academy of Management Journal, 2014, 57（3）: 814-848.

［222］Sørensen J B. Bureaucracy and entrepreneurship: Workplace effects on entrepreneurial entry ［J］. Administrative Science Quarterly, 2007, 52（3）: 387-412.

［223］ Spence M. Competitive and optimal responses to signals: An analysis of efficiency and distribution ［J］. Journal of Economic Theory, 1974, 7 （3）: 296-332.

［224］ Spigel B. The relational organization of entrepreneurial ecosystems ［J］. Entrepreneurship Theory and Practice, 2017, 41 （1）: 49-72.

［225］ Stam D, Lord R G, Knippenberg D, et al. An image of who we might become: Vision communication, possible selves, and vision pursuit ［J］. Organization Science, 2014, 25 （4）: 1172-1194.

［226］ Sternberg H S, Hofmann E, Roeck D. The struggle is real: insights from a supply chain blockchain case ［J］. Journal of Business Logistics, 2021, 42 （1）: 71-87.

［227］ Stevens S S. Issues in psychophysical measurement ［J］. Psychological Review, 1971, 78 （5）: 426.

［228］ Stogdill R M. Personal factors associated with leadership: A survey of the literature ［J］. The Journal of Psychology, 1948, 25 （1）: 35-71.

［229］ Tepper B J. Abusive supervision in work organizations: Review, synthesis, and research agenda ［J］. Journal of Management, 2007, 33 （3）: 261-289.

［230］ Thomas A B. Does leadership make a difference to organizational performance? ［J］. Administrative Science Quarterly, 1988.

［231］ Thornton P H, Ocasio W. Institutional logics ［M］//Greenwood R, et al. The Sage Handbook of Organizational Institutionalism. London: Sage, 2008.

［232］ Tolbert P S, David R J, Sine W D. Studying choice and change: The intersection of institutional theory and entrepreneurship research ［J］.

Organization Science, 2011, 22（5）: 1332-1344.

［233］Townsend D M, Hunt R A, McMullen J S, et al. Uncertainty, knowledge problems, and entrepreneurial action［J］. Academy of Management Annals, 2018, 12（2）: 659-687.

［234］Tsai W, Ghoshal S. Social capital and value creation: The role of intrafirm networks［J］. Academy of Management Journal, 1998, 41（4）: 464-476.

［235］Tsoukas H, Vladimirou E. What is organizational knowledge?［J］. Journal of Management Studies, 2001, 38（7）: 973-993.

［236］Uzzi B, Lancaster R. Relational embeddedness and learning: The case of bank loan managers and their clients［J］.Management Science, 2003, 49（4）: 383-399.

［237］Venkataraman S. Value at risk for a mixture of normal distributions: the use of quasi-Bayesian estimation techniques［J］. Economic Perspectives-Federal Reserve Bank of Chicago, 1997, 21: 2-13.

［238］Vera D, Crossan M. Strategic leadership and organizational learning［J］. The Academy of Management Review, 2004, 29（2）: 222-240.

［239］Waldman D A, Ramirez G G, House R J, et al. Does leadership matter? CEO leadership attributes and profitability under conditions of perceived environmental uncertainty［J］. Academy of Management Journal, 2001, 44（1）: 134-143.

［240］Walumbwa F O, Avolio B J, Gardner W L, et al. Authentic leadership: Development and validation of a theory-based measure［J］. Journal of Management, 2008, 34（1）: 89-126.

［241］Walumbwa F O, Mayer D M, Wang P, et al. Linking ethical leadership to employee performance: The roles of leader–member exchange, self-efficacy, and organizational identification [J]. Organizational Behavior and Human Decision Processes, 2011, 115 (2): 204-213.

[242] Walumbwa F O, Schaubroeck J. Leader personality traits and employee voice behavior: mediating roles of ethical leadership and work group psychological safety [J]. Journal of Applied Psychology, 2009, 94 (5): 1275.

[243] Wang A C, Tsai C Y, Dionne S D, et al. Benevolence-dominant, authoritarianism-dominant, and classical paternalistic leadership: Testing their relationships with subordinate performance [J]. The Leadership Quarterly, 2018, 29 (6): 686-697.

[244] Wang C L, Ahmed P K. Dynamic capabilities: A review and research agenda [J]. International Journal of Management Reviews, 2007, 9 (1): 31-51.

[245] Wang X H F, Howell J M. Exploring the dual-level effects of transformational leadership on followers [J]. Journal of Applied Psychology, 2010, 95 (6): 1134.

[246] Wangrow D B, Schepker D J, Barker V L. Managerial discretion: An empirical review and focus on future research directions [J]. Journal of Management, 2015, 41 (1): 99-135.

[247] Webb J W, Khoury T A, Hitt M A. The influence of formal and informal institutional voids on entrepreneurship [J]. Entrepreneurship Theory and Practice, 2020, 44 (3): 504-526.

[248] Welter C, Kim S. Effectuation under risk and uncertainty: A simulation model [J]. Journal of Business Venturing, 2018, 33 (1): 100-116.

［249］Williamson O E. The new institutional economics: taking stock, looking ahead［J］. Journal of Economic Literature, 2000, 38（3）: 595-613.

［250］Wiltbank R, Dew N, Read S, et al. What to do next? The case for non - predictive strategy［J］.Strategic Management Journal, 2006, 27（10）: 981-998.

［251］Wong E M, Ormiston M E, Tetlock P E. The effects of top management team integrative complexity and decentralized decision making on corporate social performance［J］. Academy of Management Journal, 2011, 54（6）: 1207-1228.

［252］Wu J B, Tsui A S, Kinicki A J. Consequences of differentiated leadership in groups［J］. Academy of Management Journal, 2010, 53（1）: 90-106.

［253］Xu K, Hitt M A, Miller S R. The ownership structure contingency in the sequential international entry mode decision process: Family owners and institutional investors in family-dominant versus family-influenced firms ［J］. Journal of International Business Studies, 2020, 51（2）: 151-171.

［254］Yu X, Tao Y, Tao X, et al. Managing uncertainty in emerging economies: The interaction effects between causation and effectuation on firm performance［J］. Technological Forecasting and Social Change, 2018, 135: 121-131.

［255］Zaccaro S J. Trait-based perspectives of leadership［J］. American Psychologist, 2007, 62（1）: 6.

［256］Zhang W, Zhao W, Gao Y, et al. How do managerial ties influence the effectuation and causation of entrepreneurship in China? The role of entrepreneurs' cognitive bias［J］.Asia Pacific Business Review, 2020, 26（5）: 613-641.